基于教育大数据的
教师专业成长丛书

王陆◎丛书主编

基于课堂教学行为大数据的
教学反思方法与技术

王陆　张敏霞◎著

北京师范大学出版集团
BEIJING NORMAL UNIVERSITY PUBLISHING GROUP
北京师范大学出版社

图书在版编目(CIP)数据

基于课堂教学行为大数据的教学反思方法与技术/王陆,张敏霞著.—北京:北京师范大学出版社,2019.8(2024.2重印)

(基于教育大数据的教师专业成长丛书)

ISBN 978-7-303-25049-3

Ⅰ.①基… Ⅱ.①王… ②张… Ⅲ.①多媒体教学—课堂教学—教学模式—研究 Ⅳ.①G434

中国版本图书馆 CIP 数据核字(2019)第 170089 号

教 材 意 见 反 馈　gaozhifk@bnupg.com　010-58805079
营 销 中 心 电 话　010-58802755　58800035

出版发行:北京师范大学出版社　www.bnupg.com
　　　　　北京市西城区新街口外大街 12-3 号
　　　　　邮政编码:100088
印　　刷:北京虎彩文化传播有限公司
经　　销:全国新华书店
开　　本:730 mm×980 mm　1/16
印　　张:12.5
字　　数:156 千字
版　　次:2019 年 7 月第 1 版
印　　次:2024 年 2 月第 3 次印刷
定　　价:28.00 元

策划编辑:栾学东　林　子　　　　责任编辑:林　子
美术编辑:焦　丽　　　　　　　　装帧设计:焦　丽
责任校对:段立超　陈　民　　　　责任印制:陈　涛

内容介绍

　　本书在课堂教学行为大数据的研究基础上，突出以课堂教学行为大数据为反思支架的特色，以生动而丰富的案例为主线，注重学习内容与学习活动的双重设计，以教师借助教学反思方法与技术为核心，按照四个模块较为系统地介绍了教师自我反思的方法与技术、校本研修团队集体反思的方法与技术、以课堂关键事件为研究视角的教学反思方法与技术，以及反思性实践的理论基础及路线。

丛书总序

2012年北京师范大学出版社出版了由我任总主编的远程校本研修丛书，包括《课堂观察方法与技术》《教学反思方法与技术》和《教师网络研修活动设计方法与技术》三本著作。这三本著作以2009年以来由我任课题负责人所做的教师在线实践社区项目（简称"靠谱COP项目"）和由我任首席专家的"国培计划（2011）中小学骨干教师研修项目"中的高中数学集中培训与远程校本研修一体化试点项目（简称"一体化项目"）的研究实践及研究案例为基础，勾画出了以课堂教学行为大数据为基础的教师混合式研修的新方法与新技术，出版7年来，该套丛书受到了广大读者的高度好评和喜爱。

时光荏苒，岁月如梭，转瞬已经过去了7年。随着科学技术的迅猛发展，信息时代教育治理的新模式，以及"互联网＋"的人才培养模式正在成为研究的焦点，从应用切入深度融合的教育信息化2.0时代已经来临。在这7年中，我们以课堂为研究田野，我所领导的科研团队也通过在全国17个省、近300所学校，面向近1万名教师的深入课堂和深入学校的研究中，逐渐完善起基于课堂教学行为大数据的研究方法论，在原有远程校本研修丛书的基础上，进行了继承性创新，补充了大量的研究实例和研究数据，提出了更多的研究方法，形成了这套基于教育大数据的教师专业成长丛书，包括《基于课堂教学行为大数据的课堂观察方法与技术》《基于课堂教学行为大数据的教学反思方法与技术》《教师网络研修活动设计方法与技术》和《基于教育大数据的知识发现方法与技术》四本著作。

在这 7 年中，伴随我们在中小学开展的课堂教学行为大数据的深入研究，我们无时无刻不感受着古德和布罗菲所说的课堂之美：课堂是质朴的、守成的、思辨的、分析的、批判的、创新的、激昂的；课堂是思想生命的火花的碰撞与展现，是情不自禁从灵魂深处流露出的不断滋润精神之园的甘泉的发源地(Good & Brophy，2017)。我们享受着研究带来的深层快乐，我们也深刻地感悟着课堂的复杂多变性：共时性、不可预料性、错综复杂性、非间接性和公开性，迎接着一个接一个研究难题的挑战。

虽然，大数据目前还没有一个全球公认的定义，作为这套丛书的总主编，我认为，大数据即海量的资料，指的是专业领域中所创造的大量非结构化和半结构化数据。大数据具有 4 个特点：大容量(Volume)、多样性(Variety)、高速度(Velocity)和多维价值(Value)(简称"4V")。正如大数据的定义一样，课堂教学行为大数据目前也不存在一个公认的定义。但是，我想可以借用我们对大数据的认识，对课堂教学行为大数据做一个定义，课堂教学行为大数据是指，在课堂情境中，伴随教与学过程而产生的大规模、多样性，蕴含了丰富的教与学含义的非结构化与半结构化的特殊数据集合。经过 19 年的课堂教学行为大数据的研究，我们发现，目前中小学课堂中的教学行为大数据共有 4 种类型：模式数据、关系数据、结构数据和行为数据。模式数据是指反映教学模式要素及要素之间关系的数据。关系数据是指反映课堂中行动者之间的相互关系结构的数据。结构数据是指反映为完成一定的教学目标，构成教学的诸因素在时间、空间方面所呈现的比较稳定的倾向及流程的数据。行为数据是指反映教与学行为主体特征的数据。

自从 2000 年我决定率领团队开始进行课堂教学行为大数据研究至今，已经过了整整 19 个年头。19 年来，我们在深入中小学课堂，与中小学教师组成密切研究共同体的过程中，越来越清晰地感受到，只有当教师具体的教学行为在课堂教学行为大数据中清晰可见且被条分缕析时，只有当教师拥有了对课堂行为的描述和表达能力并建立起概念系统时，教师才会增强其对课堂中所发生的所有事情的认识，也才真的会发生行动中反思和行动后反思。

课堂教学行为大数据是一种无形资产，是教师和学校专业发展的重要资源。2016年10月13日《光明日报》整版报道了我们的研究，并且在"编者按"中指出：大数据时代，来自课堂教学行为的大数据，不仅可以帮助我们清晰地认识不同教育发展水平的地区教师课堂教学行为的差异与特点，从而助力中等和薄弱地区的学校与教师通过改进课堂教学行为实现课堂教学质量的提高；同时，课堂教学行为大数据还可以促进优质教育区域更快地总结概括出课堂教学的优秀经验和优秀教师的实践性知识，从而实现教育优质资源在知识层面的共享与传播，助力教育均衡化发展。

正如《大数据时代》一书的作者所说，互联网世界的变化速度与日俱增，但万变之中有一点不曾变过，就是通过互联网，大数据将改变一切，可能超越我们所有人的想象。课堂教学行为大数据透视出的不仅仅是本套丛书中提到的各种现实问题，也为撬动教育供给侧的改革提供了思路。运用大数据分析方法与技术，寻找到教育教学中的真正短板，开发出面向广大中小学教师的专业发展公共服务，有效推进教师培训与研修的结构调整，矫正相关要素的配置扭曲，提高教师专业学习与培训研修的供给结构，有的放矢地实施供给侧改革是我们"靠谱COP"团队的责任与愿景。我们坚信，课堂教学行为大数据将在教师教育供给侧改革中扮演越来越重要的角色。

本套丛书由首都师范大学博士生导师、"靠谱COP"联盟首席专家王陆教授进行总体设计。同时，王陆教授与张敏霞副教授共同担任了《基于课堂教学行为大数据的课堂观察方法与技术》及《基于课堂教学行为大数据的教学反思方法与技术》两本书的作者，并负责《基于课堂教学行为大数据的教学反思方法与技术》一书的统稿工作；王陆教授与马如霞副教授一起担任了《基于教育大数据的知识发现方法与技术》一书的作者。张敏霞副教授负责《基于课堂教学行为大数据的课堂观察方法与技术》的统稿工作。首都师范大学杨卉教授与冯涛副教授担任了《教师网络研修活动设计方法与技术》一书的作者。首都师范大学的硕士研究生房彬、刘霜和罗一萍同学参与了《基于课堂教学行为大数据的课堂观察方法与技术》一书的编写工作；中央电化教育馆的张静然副研究员及首都师范大学的硕士研究生张薇、刘文彬、马晔和林子同学参与了《基于课堂教学行为大数据的教学反思方法与技术》一书的编写工作，其中张静然同志还参与了《基于课堂教学行为大数据的教学反思方法与技术》一书的统稿工作；首都师范大学的硕士研究生张莉、耿雪和李爽同学参与了《教师网络研修活动设计方法与技术》一书的编写工作，北京优学社教育咨询服务有限公司的数据分析工程师彭劼老师、首都师范大学的张敏霞副教授、首都师范大学的博士研究生张薇及三位硕士研究生李瑶、李旭和任艺参与了《基于教育大数据的知识发现方法与技术》部分撰写工作。

感谢在首都师范大学现代教育技术重点实验室做国内访问学者、来自内蒙古农业大学外语学院的陈金凤副教授，陈金凤副教授参加了本次丛书再版的修订工作，为本书的再版工作付出了智慧和辛勤的劳动。感谢北京优学社教育咨询服务有限公司对本套丛书修订工作的支持。

感谢首都师范大学教育技术系董乐老师、司治国老师对本套丛书撰写所提供技术上的各种支持与精神上的热情鼓励，感谢北京优学社教育咨询服务有限公司的工程师王鹏，有你们的无私陪伴与幕后奉献，才使得我们这个团队能够不断向前。感谢参与"国培计划（2011）"中小学骨干教师研修项目中的高中数学集中培训与远程校本研修一体化试点项目的全体老师，感谢参与"靠谱 COP"项目的全体老师，是你们的智慧贡献和全力投入才使得我们能拥有今天的成果与成绩，你们的课堂绩效改进和学生的进步一直是我们最大的心愿。也要衷心感谢参与"一体化项目"和"靠谱 COP"项目的全体助学者同学们，是你们的创造性工作才使得我们这个共同体生机勃勃，不断焕发出年轻生命的动人活力。

本书之所以能够顺利完成，还应该感谢北京师范大学出版集团北京京师普教文化传媒有限公司栾学东董事长的亲自指导和大力帮助，以及对本套丛书作者的关怀与理解。本套丛书的责任编辑林子，作为曾经担任过 3 年"靠谱 COP 项目"的助学者，满怀热情地投入本套丛书的策划与实施工作中，认真、细致、严谨地完成了书稿的各项编辑工作，使得本套丛书能够顺利出版。

本套丛书参考与引用了国内外大量的资料，其中的主要来源已在参考文献目录中列出，如有遗漏，恳请原谅。由于作者经验与学识所限，加上时间紧迫，书中谬误之处在所难免，欢迎读者指正。

王陆于北京

目　录

模块一　感悟教学反思方法与技术

建议时间：4 小时

说明

　　本模块从引导您阅读观摩案例出发，帮助您初步了解教学反思的意义与作用、定义、类型，感悟自我反思以及集体反思的方法与技术

核心概念

　　教学反思　个人反思　集体反思

活动	主要作品	
案例研读	表 1-9	案例 1-1 的分析表
案例分析	表 1-10	案例 1-2 的分析表
专家讲座	表 1-11	案例 1-3 的分析表
观点辨析	图 1-3	自我反思与集体反思的维恩图
	表 1-13	成功开展教学反思的三要素

◆ **学习导入** ----------------------------------

　　20 世纪 80 年代的教师培训中流行的基本模式是技术原理模式，这种模式对教学持有一种过于技术化和简单化的观点，认为只要向教师传输一定的教学知识策略，就可以帮助教师更好地解决教学中的各种实际问题。然而，教师研修的实践告诉我们，实际情况并非如此简单。一些研究者开

始意识到，教学是一种复杂活动，教师研修不仅需要由外部向教师传授专业知识，还需要教师通过对自己实际的教学经验反思来增进其对教学的理解，提高教学水平(Schon，1983，1987；张建伟，1997)。

戴(Day，1993)认为，反思本身是教师学习的必要条件，然而教师为了使反思变得更加有效，就必须在他们的专业发展中接受挑战与获得支持。大量的研究表明，教师反思是改变教师实践的重要因素，教师反思被看成教师协调其信念与实践之间矛盾的关键(Breyfogle，2005；Thompson，1984)。洛克伦(Loughran，2002)指出，反思及反思性实践对于实践中的问题具有重要的潜在作用。一些研究支持了洛克伦的结论，被鼓励对教学实践进行反思的教师通常能改变他们的实践(Shaw & Jakubowski，1991；Hart et al.，1992；Cobb et al.，1997)。

本模块将通过三个案例，帮助您感悟反思的特点、方法、技术的独特魅力。

◆▶ **案例研读** ---

案例 1-1　张老师的探究学习之路

　　本案例的主人公是来自山东省淄博市城乡交界处的 C 中学、具有八年教龄的胜任型初中数学教师——张老师。本案例讲述的是张老师钻研探究型课堂教学方法，以及在此过程中进行的两次成功的个人教学反思及其促进自我教学行为改进的事例。

·案例背景·

　　伴随着农村城市化的发展进程，原来是一所农村学校的 C 中学现在地处城乡交界处，学校的办学条件十分艰苦。张老师是C中学的一名初中数学教师，自任教以来，八年的教学经历让他深深地爱上了教师这个伟大而又神圣的职业。张老师常说，"让每个学生感受到学习的快乐"是他作为一名教师最大的愿望。让学生快乐地学习数学，是张老师在教师专业发展道路上一直追求的目标。

通过长达三年的课题合作研究，我们对张老师的课堂教学进行了较为系统的观察，结果表明，张老师在课堂教学中，能够始终坚持开放式教学，鼓励学生质疑和创新。而如何上好探究型中学数学课，一直以来都是张老师非常感兴趣的教学研究课题。

2009年9月，C中学作为山东省淄博市的一所实验学校加入了首都师范大学王陆教授团队的教师在线实践社区（The teacher's on-line Communities Of Practice，简称靠谱COP）项目。这个项目旨在创建一个支持教师通过日常的教学实践，而不是聚焦于有意设计的课程，以自我组织和非正式学习为突出特征，以分享教师的兴趣、遇到的问题及教学反思而增进联系的集体学习为形式，以教师的实践性知识增长与教学实践行为的改进为最终目标的学习型组织，实现反思性实践的教师专业发展新模式。

为了能在探究课的设计及实施等方面得到更多的专业引领与指导，张老师主动申请加入了靠谱COP团队，与其他省市具有相同专业发展愿景的老师一起，积极投入到靠谱COP网络平台上"高质高效远程合作学习圈"的专业学习之中。自从加入了靠谱COP项目团队后，虽然教学任务十分繁重，张老师还是挤出时间积极认真地参加了王陆教授的几次面授培训，他感觉自己学到了很多先进的教学理念和教学方法，获益匪浅。同时，张老师在靠谱COP平台上与助学者和其他省市老师们不断交流与专业对话，也促进了他对自己教学实践行为的改善。

2010 年 5 月，在深圳召开的第一届全国基于网络的教师实践社区 COP 学术研讨会上，靠谱 COP 项目组织者设计了一个"授导型—探究型同课异构"的教学专项研讨活动，鼓励各个靠谱 COP 团队的老师们报名参加。张老师看到这个消息后立即报名，他很想在这次大会上展示一节探究型的研究课来检验自己这段时间的学习成果，但同时他也担心自己不能驾驭这样一节研究课。怀着一种紧张而又期待的复杂心情，张老师开始了积极的课前准备工作。

·探究型教学的初次尝试·

首先，张老师选取了一节七年级的数学课"三角形的外角"作为同课异构的教学内容。在教学设计上，他下了很大的功夫，完成了第一稿教学设计并发送给靠谱 COP 的助学团队，请助学者们帮助他找出其中的不足，并期望助学者们提出修改建议。

针对靠谱 COP 助学者给他提出的每一条修改建议，张老师都会在与助学者认真讨论并思考后依据建议积极修正自己的教学设计。在经历了四次的反复修改后，张老师终于完成了一份令自己满意的教学设计，如表 1-1 所示。

表 1-1　张老师的第一版教学设计

学　校	C 中学	设计者	张老师
年　级	七年级	学　科	数　学
章　节	三角形的外角	学　时	一课时
教学目标	· 对三角形的外角性质有更深的认识，并能用来解决问题、探究问题。 · 经历由猜想到证明的数学探究过程，并能逐步发展发散性思维能力与演绎思维能力，进行能够利用已学的知识发现一般的、规律性的结论。 · 养成主动探究、善于思考、勇于实践、敢于发现、合作交流的良好习惯。		

续表

教学重点、难点以及突破措施	教学重点：三角形外角性质的应用。 教学难点：利用三角形的外角性质探究三角形两内角、两外角、一内一外的角平分线形成的夹角的特点。 突破措施：本节课围绕对三角形外角性质的应用探究这一教学重点，从生活实例引入问题，提出问题，让学生在解决问题中练习猜想与求证，并通过学生之间的交流合作与教师的适时提问对话，让学生由浅入深、由易到难，逐步利用所学的新知识，探究出几何学中的一般性规律；同时借助交互式电子白板实现课堂探究的互动与学习资源的再生。
学习者分析	学生已经学习了三角形的外角和外角的性质，本节课的重点是对三角形外角性质的应用进行探究；之前，学生对于辅助线的常用方法已经有过多次接触，这为本节课的学习打下了有利的基础；通过前面的学习，学生对几何中的数学说理有了较深的认识；同时，七年级学生之间已初步形成了合作交流、主动探究的学习习惯，班级中也初步形成了相互学习、相互交流的学习氛围。
教学环境	计算机、投影机、交互式电子白板、几何画板软件
教学资源	教材、多媒体课件、学习单

教学过程				
教学环节	活动设计		设计意图	媒体、教学资源、教学工具的使用及分析
	教师的活动	学生的活动		
情境导入	今天，老师想请教同学们一个问题，如图所示，你能从数学的角度给大家解释为什么∠BPC>∠A 吗？	学生思考后，不难回答出要使射门角度∠BPC>∠A。	让学生从生活中领悟数学知识，能抽象出数学模型，并引入本节课所要探究的问题。	教师从交互式电子白板的资源库中拖出图片：

续表

教学环节	活动设计		设计意图	媒体、教学资源、教学工具的使用及分析
	教师的活动	学生的活动		
导入情境探究	那么，如图中点 P 是△ABC 内任意一点，怎样说明 ∠BPC＞∠A 呢？请同学们开动脑筋。 预想学生的几种辅助线做法： 延长 CP。 延长 BP。 延长 AP。	学生在组内交流自己的看法，并利用手中的学习单展开探究，对题目中的图形作适当的辅助线。 请各小组在交互式电子白板上进行展示。	让学生由自己的猜想上升到数学的说理角度，体会探究的基本步骤，以及由猜想到证明的过程，并锻炼学生的发散思维能力，从不同的角度让他们分析同样的问题。	请学生们在交互式电子白板上展示自己的做法，在构造外角的时候，利用交互式电子白板的画直线功能。
	除了∠BPC＞∠A，同学们还能探究出什么结论呢？ 除了上面的不等关系，里面还暗含着∠BPC＝∠A＋∠1＋∠2 的一般性结论。其证明的思路也不止一种，都是对三角形外角的运用。	学生组内交流并发表自己的看法。	让学生再次经历探究的过程，并能熟练应用辅助线解决数学中的平面几何问题。	同时运用交互式电子白板的回放功能，重新体会辅助线的做法。

6

教学环节	活动设计		设计意图	媒体、教学资源、教学工具的使用及分析
	教师的活动	学生的活动		
拓展升华探究	刚才同学们探究得很到位，你们能试着变换一下点 P 的条件，发现新的结论吗？ 让学生体会由一般到特殊的演绎推理思想，发现新的知识点。 教师预想：学生经过交流讨论，可能会出现的几种情况（教师在学生交流的过程中，做好指导，对学生在交流中可能出现的方向偏离给予及时的指导，做好一名助学者）。 1. 点 P 是 $\triangle ABC$ 的两个内角 $\angle ABC$，$\angle ACB$ 的角平分线的交点。	学生首先进行独立思考，然后在此基础上在组内交流自己的看法。 学生进行展示。		利用几何画板的动态演示功能，将学生的几种情况进行统一的演示，然后利用交互式电子白板的照相机功能，把每种情况的图形抓拍到交互式电子白板资源库中，请学生到前面进行展示。 学生对交互式电子白板笔的运用。

	2. 点 P 是 $\triangle ABC$ 的两个外角 $\angle DBC$，$\angle BCE$ 的角平分线的交点。			

续表

教学环节	活动设计		设计意图	媒体、教学资源、教学工具的使用及分析
	教师的活动	学生的活动		
拓展升华探究	 3. 点 P 是∠ABC 的平分线与外角∠ACD 的平分线的交点。 			
知识整理，形成规律	请学生整理：通过一节探究型学习课，都获得了哪些新的知识。 对于点 P 是△ABC 内任意一点，存在两个定论： ∠BPC>∠A ∠BPC=∠A+∠1+∠2 点 P 是△ABC 的两个内角∠ABC 和∠ACB 的角平分线的交点。			根据学生的叙述，教师使用交互式电子白板笔做板书书写。

教学环节	活动设计		设计意图	媒体、教学资源、教学工具的使用及分析
	教师的活动	学生的活动		
知识整理，形成规律	存在结论：$\angle BPC = 90° + \dfrac{1}{2}\angle A$ 点 P 是 $\triangle ABC$ 的两个外角 $\angle DBC$ 和 $\angle BCE$ 的角平分线的交点。 存在结论：$\angle BPC = 90° - \dfrac{1}{2}\angle A$ 点 P 是 $\angle ABC$ 的平分线与外角 $\angle ACD$ 的平分线的交点。			

9

教学环节	活动设计		设计意图	媒体、教学资源、教学工具的使用及分析
	教师的活动	学生的活动		
	存在结论： $\angle BPC = \frac{1}{2}\angle A$ 教师做课堂点评。			
教学点评				专家签字：

　　张老师怀着激动的心情，依据这一版的教学设计，满怀希望地给学生们上了一节"三角形的外角"的探究合作学习课，并使用靠谱COP专用教室中的课程信息采集系统，将其课程的实施过程进行了全程录像。

　　在上这节课之前，张老师曾经很肯定地以为，经过课前长时间的精心准备，这节合作探究课一定会进行得非常顺利，甚至有可能出彩。然而，事情的发展并不像张老师想的那么尽如人意。张老师在课后通过回放录像认真观看了自己的教学后，在个人反思日志中写道：

　　　　原本以为它会是一节精彩的探究合作学习课，没想到在实际的教学中却涌现出这样或那样的问题。上完课后，我的心情有些低落，不明白为什么自己辛苦准备了这么多天，却没有达到自己想要的课堂效果。

·第一次对探究型教学进行教学反思·

　　带着这些困惑，张老师第一次尝试着把录像中的自己当成旁人来重新审视，他默默地记录着录像里"那个教师"的语言、板书、导入、讲解、提问、演示、强化、指导、组织等课堂中的一举一动的课堂教学行为大数据，思考"他"为什么这样做，这样做好不好，有没有更好的办法来辅助"他"达到更好的效果……经过对这节课的教学过程的反复观察与思考，张老师自己发现了这节课中的3个问题。

　　第一，对于设计好的情境，自己只是一味地在抛砖引玉，本想引导学生自己提出问题，可是学生要么沉默不语，要么就是在一步一步地执行教师发出的指令，整节课基本上没有成功地调动学生自主探究的积极性。

　　第二，在合作探究过程中，很多学生的推理不够严谨、条理不够清晰。当教师追问为什么时，很多学生只是"知其然而不知其所以然"，还有较多学生的口头表达能力有待提高，他们虽然能够自己推导出结论，但是却不能清楚地表达。

　　第三，在最后的课堂小结环节，教师带领学生回顾之前各小组的推导过程时，很多学生已经忘记了其他小组的推导过程，对教师的总结表现出一副很茫然的神情，显然，课堂总结环节进行得很失败。

　　针对以上三个问题，张老师重新撰写了一份教学反思日志。

　　张老师在教学反思日志中首先反思了第一个问题：如何更好地针对小组提出合作学习探究的问题？

　　张老师写道：

　　　　我本来预期学生会根据教师的引导，自主提出要探究的问题，然而结果却是面对教师的引导，学生只会被动地接受教师布置的任务。因此，我认为这个环节是我今后的教学中有待提高的。究其原因，我觉得是预先设计教学内容时，缺少对学生兴趣特点的关注，未能调动学生探究问题的积极性。因此，如果下次再遇到这样的情况，我将引入贴近学生生活的情境，激发学生的学习热情，使之能自主提出探究问题。

表 1-2 总结了张老师对这一问题的反思。

表 1-2　如何更好地针对小组提出合作学习探究的问题

反思的项目	反思的内容
• 简单叙述设计预期。 • 简述实施结果。	• 学生会根据教师的引导自主提出要探究的问题。 • 面对教师的引导，学生不能自主提出问题，只能被动地接受教师布置的任务。
• 我认为它是成功的还是有待提高的。	• 有待提高。
• 反思原因：从学生特征/教学内容反思/教学媒体使用/课堂互动效果。	• 预先设计教学内容时，缺少对学生兴趣特点的关注，未能调动学生探究问题的积极性。
• 如果有待改进，我下次将怎样做。	• 引入贴近学生生活的情境，激发学生的学习热情，使之能自主提出探究问题。

张老师反思的第二个问题是：如何改善学生运用相关知识验证其猜想的效果？

张老师在反思日志中这样写道：

我本来预期学生会运用多种不同的方法来证明其猜想，可结果是很多学生只能提出猜想，却不能进一步运用相关知识验证其猜想。所以，这个环节也是我今后的教学中有待提高之处。究其原因，我认为是在布置小组合作任务时，我没有将任务描述清楚，导致小组交流不够深入；如果下次再遇到这样的情况，我将引导学生理解具体的任务目标，深入小组合作，参与交流，并增加小组间的展示交流。

表1-3总结了张老师对这一问题的反思。

表1-3　如何改善学生运用相关知识验证其猜想的效果

反思的项目	反思的内容
· 简单叙述设计预期。 · 简述实施结果。	· 学生会运用多种不同的方法来证明其猜想。 · 很多学生只能提出猜想，不能进一步运用相关知识验证其猜想。
· 我认为它是成功的还是有待提高的。 · 反思原因：从学生特征/教学内容反思/教学媒体使用/课堂互动效果。	· 有待提高。 · 在布置小组合作任务时，没有将任务描述清楚，学生在小组交流时没有深入其中，未能全员参与。
· 如果有待改进，我下次将怎样做。	· 引导学生理解具体的任务目标，深入小组合作，参与交流，并增加小组间的展示交流。

张老师反思的第三个问题是：如何高质高效地实现课堂小结？

这其实也是一直困扰着张老师的问题。参与观察张老师这节课的C中学的孙副校长和其他几位靠谱COP团队的老师们在课后反思时，帮助张老师想出了一个好办法，那就是利用交互式电子白板的拍照功能，把各个小组的证明过程记录下来，并存入交互式电子白板的资源库中，这样在课堂总结时，教师便可以将这些教学资源反复调出使用。如此一来，最棘手的问题也就迎刃而解了。在反思日志中张老师这样写道：

　　我本来预期带领学生回顾各小组的探究过程，总结方法与步骤，可事实上却是很多学生在进入小结阶段时，已经忘记了其他小组的探究过程，无法跟随教师的思路，因此，这一教学环节也是今后需要注意并改善的。我仔细思考后认为，究其原因可能是由于课堂容量较大，学生对其他小组展示成果的信息记忆属于短时的瞬间记忆，无法持续很长时间。

表1-4总结了张老师对这一问题的反思。

表1-4 如何高质高效地实现课堂小结

反思的项目	反思的内容
· 简单叙述设计预期。	· 带领学生回顾各小组的探究过程，总结方法、步骤。
· 简述实施结果。	· 很多学生忘记了其他小组的探究过程，无法跟随教师的思路。
· 我认为它是成功的还是有待提高的。	· 有待提高。
· 反思原因：从学生特征/教学内容反思/教学媒体使用/课堂互动效果。	· 学生对其他小组展示成果的记忆属于瞬间记忆，无法持续很长时间。
· 如果有待改进，我下次将怎样做。	· 利用交互式电子白板的拍照功能把各组的探究与证明过程保留下来，帮助学生回顾。

·基于反思的探究型教学实践改进·

当张老师将他的自我反思上传到靠谱COP平台后，靠谱COP的很多助学者也都积极地为他出谋划策，并提出了很多很好的改进建议。张老师在被热情的助学者感动的同时，也暗自下定决心："我还要上一遍这节课，争取使教学行为有所改进!"于是，张老师在综合了自己之前的反思成果与助学者的改进建议后，再一次仔细修改了自己的教学设计，如表1-5所示。

表1-5　张老师的第二版教学设计

学　校	C中学	设计者	张老师
年　级	七年级	学　科	数　学
章　节	三角形的外角	学　时	一课时
教学目标	<ul><li>对三角形的外角性质有更深的认识，并能用来解决问题、探究问题。</li><li>经历由猜想到证明的数学探究过程，并能逐步发展发散思维能力和演绎思维能力，利用已学的知识发现一般的、规律性的结论。</li><li>养成主动探究、善于思考、勇于实践、敢于发现、合作交流的良好习惯。</li></ul>		
教学重点、难点以及突破措施	教学重点：利用三角形的外角性质探究三角形外角应用的规律性。 教学难点：利用三角形的外角性质探究三角形外角应用的规律性。 突破措施：本节课围绕对三角形外角性质的应用探究这一教学重点，首先，教师要在针对小组提出合作学习探究的问题时，引入贴近学生生活的情境，激发学生的学习热情，使其能自主提出探究问题；其次，教师要加强引导学生理解具体的小组任务目标，深入小组合作参与交流，并增加小组间的展示交流，以获得学生运用相关知识验证其猜想的良好效果；最后，教师利用交互式电子白板的拍照功能把各小组的探究与证明过程记录下来，帮助学生回顾在整节课中不同小组的探究过程，进一步提高课堂小结的效率与质量。		
学习者分析	学生已经学习了三角形的外角和外角的性质，本节课的重点是对三角形外角性质的应用进行探究；之前，学生对于辅助线的常用方法已经有过多次接触，这为本节课的学习打下了有利的基础；通过前面的学习，学生对几何中的数学说理有了较深的认识；七年级的学生对于他们关注的、有兴趣的问题才会投入地学习和探究；学生喜欢展示自己的探究结果；学生往往不关注其他小组的探究过程。		

教学环境	计算机、投影机、交互式电子白板、几何画板软件
教学资源	教材、多媒体课件、学习单、无线手写板

教学过程

教学环节	活动设计		设计意图	媒体、教学资源、教学工具的使用及分析
	教师的活动	学生的活动		
情境导入	今天，老师想请教同学们一个问题，这个问题一直困扰着老师，看哪位同学能够解答老师的困惑？ 在绿茵场上，足球队员带球进攻，总是尽力向球门 BC 冲近，如图所示，你能说明其中的道理，并能从数学的角度给大家解释吗？ 	学生思考后，不难回答出要使射门角度∠BPC>∠A。	让学生从生活中领悟数学知识，并能抽象出数学模型，并引入本节课所要探究的问题中。	教师利用无线手写板从资源库中拖出图片：
导入情境探究	那么，如图中点 P 是△ABC 内任意一点，怎样说明∠BPC>∠A 呢？请同学们开动脑筋。 	学生在组内交流自己的看法，并利用手中的学习单展开探究，对题目中的图形作适当的辅助线。	让学生由自己的猜想上升到数学的说理角度，体会探究的基本步骤，以及由猜想到证明的过程，并锻炼学生的发散思维能力，让他们从	教师利用无线手写板的通信功能，赋予小组权限，请小组利用无线手写板展示自己的做法，与此同时，信息会反馈到大的交互式电子白板上。在构造外角时，利用交互式电子白板的画直线功能。

续表

教学环节	活动设计		设计意图	媒体、教学资源、教学工具的使用及分析
	教师的活动	学生的活动		
导入情境探究	预想学生的几种辅助线做法： 延长 CP。 延长 BP。 延长 AP。 除了∠BPC>∠A，同学们还能探究出什么结论？ 除了上面的不等关系，里面还暗含着∠BPC = ∠A +∠1 +∠2 的一般性结论。其证明的思路也不止一种，都是对三角形外角的运用。	请各小组利用无线手写板向其他小组展示其探究的过程与结果。 学生组内交流，并发表自己的看法。	不同的角度分析同样的问题。 让学生再次经历探究的过程，并能熟练应用辅助线解决数学中的平面几何问题。	把学生的观点和各种做法存到交互式电子白板资源库中，形成课堂小结使用的再生资源。
拓展升华探究	刚才同学们探究得很到位，你们能试着变换一下点 P 的条件，发现∠BPC 与∠A 的新的结论吗？ 让学生体会由一般到特殊的演绎推理思想，发现新的知识点。	学生在独立思考的基础上，在组内交流自己的看法。		教师根据学生讨论的结果，从资源库中拖出相应的图形，请各小组利用无线手写板展示各小组的探究情况。

续表

教学环节	活动设计		设计意图	媒体、教学资源、教学工具的使用及分析
	教师的活动	学生的活动		
拓展升华探究	教师预想：学生经过交流讨论，可能会出现的几种情况（教师在学生交流的过程中，做好指导，对学生在交流中可能出现的方向偏离及时指导，做好一名助学者）。 1. 点 P 是△ABC 的两个内角∠ABC，∠ACB 的角平分线的交点。 2. 点 P 是△ABC 的两个外角∠DBC，∠BCE 的角平分线的交点。 3. 点 P 是∠ABC 的平分线与外角∠ACD 的平分线的交点。	学生运用无线手写板进行展示。		

教学环节	活动设计		设计意图	媒体、教学资源、教学工具的使用及分析
	教师的活动	学生的活动		
拓展升华探究	 （本环节根据学生的实际探究情况，灵活掌握时间，如果学生只是探究出一部分，可以延伸到课后继续由学生完成探究）			
知识整理，形成规律	教师点评：把本节课各小组的探究成果进行汇总，再进行点评。 对于点 P 是△ABC 内任意一点。 存在两个定论： $\angle BPC > \angle A$ $\angle BPC = \angle A + \angle 1 + \angle 2$ 对于点 P 是△ABC 的两个内角 $\angle ABC$，$\angle ACB$ 的角平分线的交点。		让整节课的知识更具有条理性，形成知识的框架体系。	把资源库中已存的前面探究的成果拖出，与学生刚刚形成的新的发现汇总起来，总结本节课。

续表

教学环节	活动设计		设计意图	媒体、教学资源、教学工具的使用及分析
	教师的活动	学生的活动		
知识整理，形成规律	存在结论：$\angle BPC = 90° + \dfrac{1}{2}\angle A$ 对于点 P 是 $\triangle ABC$ 的两个外角 $\angle DBC$，$\angle BCE$ 的角平分线的交点。 存在结论：$\angle BPC = 90° - \dfrac{1}{2}\angle A$ 对于点 P 是 $\angle ABC$ 的平分线与外角 $\angle ACD$ 的平分线的交点。 			

续表

教学环节	活动设计		设计意图	媒体、教学资源、教学工具的使用及分析
	教师的活动	学生的活动		
知识整理，形成规律	存在结论： $\angle BPC = \frac{1}{2}\angle A$ 学生小组间互评：通过学生的无线手写板评出自己认为表现最好的一个小组。	各小组使用无线手写板的投票功能进行投票评选。	实现小组互评。	利用无线手写板实现课堂的投票功能。
教学点评				专家签字：

随后，张老师借班上课，再一次录制了"三角形的外角"这节探究型课。

在第二次授课时，张老师根据课前的教学反思，有意识地在实施教学的过程中调动自己的元认知，监控自己的教学行为。同时，张老师也暗自琢磨：自己之前的反思结果是否真的会对改进课堂的教学有效果？如果有效，会有多大的成效呢？

在这节课上，学生对张老师引入的足球射门的问题非常感兴趣，表现出很高的积极性，要探究的问题也自然而然地被他们提出来。在小组合作学习中，张老师主动深入指导各个小组，并对各小组提供有针对性的学习支架，学生们的思路打开了，课堂气氛变得活跃多了，大家都在积极地讨论推演，并争先恐后地展示自己小组的证明过程……

看到这一切，张老师感到特别欣慰，他清楚地意识到，自己对教学过程的分析与思考是有价值的，自己的反思是有成效的，而且正是反思换来了这次教学改进的成功。

这节课后，参加课堂观察的孙副校长和靠谱COP团队的老师们都对张老师的课给予了中肯的评价，肯定了张老师的教学行为改进。同时，张老师也把这节课的录像上传到靠谱COP平台，一方面，他希望与来自其他省市靠谱COP项目学校的志同道合的老师们一起分享这节课，以便得到他们及靠谱COP助学者们更多、更专业、更深入的改进建议；另一方面，他热切盼望可以通过靠谱COP平台，找到一位与自己进行同课异构的同侪。

·同侪互助支持教学反思·

此时，在靠谱COP平台上，张老师上传的课例录像及个人反思已经成为平台上的热点，许多老师都纷纷跟帖，并且为张老师提出了很多可操作性强的、切实可行的教学改进建议。一位同样也姓张、来自四川省H中学的教龄不足五年的新手教师对"三角形的外角"一课一直非常感兴趣，于是这位小张老师在平台上提出要设计并讲授一节授导型的课，实现与张老师的同课异构。

在四川省H中学工作的专家型教师牟老师是小张老师的师父，也是张老师非常敬仰的名师，虽然大家远隔千里，但借助网络，张老师拜牟老师为师，非常荣幸地成为了牟老师的徒弟。牟老师不辞辛苦，亲自修改了两位徒弟的教学设计方案，还带领众多数学教师在靠谱COP平台上观摩两位徒弟的教学录像，指导大家一起切磋、探讨授导型教学与探究型教学的相同与不同之处。靠谱COP团队的老师们都期盼能够在深圳召开的"第一届全国基于网络的教师实践社区靠谱COP学术研讨会"的"授导型—探究型同课异构"的教学专项研讨活动中一睹两位张老师的风采。

为了支持张老师的个人反思，靠谱COP团队的助学者们使用了编码体系分析工具和记号体系分析工具对这节录像课进行了全方位的"扫描"式分析，为张老师提供了丰富的反思支持大数据，分析结果如图1-1所示。

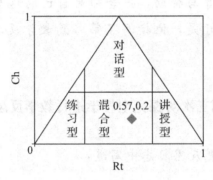

图 1-1　Rt-Ch 图

图1-1显示：张老师的这节课的教学模式是混合型教学模式，符合探究型教学设计，其中教师行为占有率Rt值为0.57，较为适当；师生行为转换率Ch值为0.2，低于0.4常模，说明这节探究型学习课在课堂互动的质量方面还有待提高。

这节课的记号体系分析结果（参见表1-6）显示出：①作为一节探究型学习课，张老师的问题设计类型明显缺乏探究类问题，反映在表1-6中就是若何类问题过少，而简单定义和陈述类问题，即是何类问题太多；②助学者还发现张老师在本节课中从未鼓励过学生提出问题，教师对一些学生的回答没有给予及时的回应，还有打断学生的回答的情况。这些课堂观察的结果表明，张老师这节课的课堂对话行为还需要改进，并且在问题设计类型上也需要进一步丰富。

表1-6　问题类型的记号体系分析结果

问题类型	总　数	比例(%)
是何类问题	16	53.3
为何类问题	8	26.7
如何类问题	5	16.7
若何类问题	1	3.3

经过多方的指导与帮助，张老师对自己的这节探究型课又有了新的感受与体会，于是，他撰写了第二篇教学反思日志，记录了自己的所思与所获。

·第二次对探究型教学进行教学反思·

张老师在第二篇反思日志中写道：

　　本周我感到最自豪的教学活动是在借班上课的情况下，借助于无线手写板等新技术，较好地完成了教学任务，从整节课的效果来看，达到了预期的教学目标。课堂中学生探究的欲望很强，并且能够探讨出不同的思路，尤其是在第二个问题上，学生的思路已经远远超出了我的预想，可见学生的创造力是无穷的。整节课学生表现得积极主动，敢于展现自己的思路，并能多角度地分析问题；而且他们表现出高度的热情和参与性，小组合作探究学习开展得很顺利。我想，这次活动成功的原因有以下三点：首先，我选择了贴近生活、学生感兴趣的问题作为引入，调动了学生的积极性；其次，在小组合作学习中，我能及时、深入地了解各个小组的探究情况并及时提供支持与指导；最后，我比较好地运用了交互式电子白板、无线手写板的特殊功能来适时、适当、适度地辅助教学。

表 1-7 总结了张老师的这部分反思内容。

表 1-7　在本周中我感到最自豪的教学活动

教学活动描述	原因分析
借班上课，第二次录制"三角形的外角"探究型学习课，学生表现出高度的热情和参与性，小组合作探究学习开展得很顺利。	1. 选择了贴近生活、学生感兴趣的问题作为引入，调动了学生的积极性。 2. 小组合作学习中能深入了解各个小组的探究情况，及时提供支持与指导。 3. 恰当地利用了交互式电子白板、无线手写板的专用特殊功能来辅助教学。

除了分析这节课的成功之处，张老师也总结分析了这节课的不足，并想到了一些改进的方法。他认为自己不成功的教学活动是：

在探究学习中，各小组间的交往、互动少，学生的思维张力、情感投入、探究热情未能充分调动起来，学生对探究问题的深度挖掘还不够。如进行第一个问题，在学生能总结出不等式的传递性时，没能做好不等式的可加性的提升，没能使数学味更浓一些。究其原因，我觉得主要有以下两点：第一，在"提出问题—合作探究—表达交流—形成结论"四个阶段中，"表达交流"这一阶段分配的时间过少，学生之间的对话也就比较少；第二，教师进行问题设计时没有将问题设置在学生的"最邻近发展区"内，未能更好地激发学生对问题进行更深入的探究。

表 1-8 总结了张老师的这部分反思内容。

表 1-8　我最有可能改变的教学活动

教学活动描述	原因分析
在探究学习中各小组的交往、互动少，学生的思维张力、情感投入、探究热情未能充分调动起来，学生对探究问题的深度挖掘还不够。	1. 在"提出问题—合作探究—表达交流—形成结论"四个阶段中，"表达交流"这一阶段分配的时间过少，造成生生之间的对话少。 2. 教师进行问题设计时没有将问题设置在学生的"最邻近发展区"内，未能激发学生进行深入的探究。

张老师非常高兴通过撰写教学反思日志，使自己又发现了新的问题，因为这意味着他又找到了新的教学突破口，这是一件多么有价值的事情啊！

2010 年 5 月在张老师不断的教学改进中悄然而至，他满怀信心地踏上了南下的旅程。在深圳召开的"第一届全国基于网络的教师实践社区 COP 学术研讨会"的"授导型—探究型同课异构"的教学专项研讨活动中，张老师与小张老师的同课异构大放光彩，获得了与会代表的一致好评和大会的表彰，并且张老师还同时荣获了教学反思 DST(Digital Story Telling)数字故事讲述的一等奖。

·教学审计·

转眼间，期末快到了，张老师认为有必要对自己本学期以来的教学日志进行一次教学审计，他认真归纳和总结了自己的收获，并将其分为以下六个方面。

1. 对数学问题的反思

学习数学的一个重要目的就是要学会数学的思考方式，用数学的眼光去看世界。而对于教师来说，还要从"教"的角度去看数学，不仅要能"做"，还应当能够教会别人去"做"，因此教师对数学概念的反思应当从逻辑的、历史的、辩证关系的等方面展开。

2. 对探究型学习的反思

在课堂的呈现方式上要改变以往"结论—例题—练习"的陈述模式，而采用"问题—探究—发现"的研究模式。通过形式多样的、以学生自主学习为特征的探究活动，解决问题，完成任务。

3. 对参考资料的反思

学习相关的教育理论，可以拓展我们对教学反思行为的思路，可以使我们看到自己的教学实践行为有哪些与特定的教学情境有关、哪些更带有普遍的意义，从而对这些行为有较为客观的评价。更为重要的是，能够使我们理智地、批判地看待自己教学活动中"熟悉的""习惯性的"行为，从更深的层面反思，进而使我们的专业发展走上良性的轨道。

4. 从自身的角度反思

要坚持通过记录自己教学过程中的经历、与他人的对话、深度的感触、隐语和期望等发现自己的不足，树立以学生为主体的意识，加强新理论、新技术的应用。

5. 从学习者的角度反思

教学行为的本质在于使学生受益，教得好是为了促进学得好。我们可以试着"重新做一次学生"，以学习者的身份从事一些探究性的活动，并有意识地对活动过程的有关行为进行反思。

6. 从与同事和专家的交流中反思

专家是业务问题上的知音，他们能引发真正意义上的专业对话；专家是照明灯，能解开我们的困惑。同事是教师的监察者，他们最清楚我们的短处与长处，也最了解我们教学中的问题；同事是朋友，从他们身上你可以学到对自身专业成长有价值的东西。

在回顾本学期以来的收获与感想、成长与进步时，张老师激动地说："首先，我要郑重地对大家表示感谢！感谢 C 中学孙副校长和各位同事给我提出的宝贵意见；感谢志同道合的、远在四川省成都市的牟老师及小张老师给我的指导以及与我的交流切磋；感谢王陆教授和她带领的靠谱 COP 助学者团队给我带来的专业指导与帮助，是你们让我在自己的专业发展道路上得到了有效的提升；最后，我还要感谢我自己，感谢自己坚持写反思日志，这样能使自己清楚地知道收获了什么、还有哪些不足等。"

◆➡ **案例分析** ---

自我反思的方法与技术

当反思者以自我内部对话为基本形式进行反思时，我们称这种反思为自我反思。案例 1-1 就属于一种比较典型的自我反思。

请您在认真研读案例 1-1 后填写表 1-9，从自我反思的方法与技术、反思的效果及以前您的反思经历与经验三个维度分析案例 1-1。

表 1-9　案例 1-1 的分析表

分析主题	分析结果
您认为该案例中张老师使用了哪些教学反思的方法与技术？	
您认为该案例中张老师的教学反思促使他的哪些教学行为发生了改变？	
您在以前的工作经历中使用过哪些教学反思方法？您认为该案例所呈现的教学反思方法与您以前所使用的教学反思方法有哪些区别？	

◆ 专家讲座 ---

初识教学反思

·教学反思的定义、特点与内容·

反思是一个具有挑战性的概念，它涉及很多复杂的方法与态度，既可以从哲学角度进行探讨，也可以从心理学角度进行探讨（Mcentee et al.，2003）。

从哲学的角度看，反思是一种思维方式。例如，舒尔曼（Shulman，1987）在"教学推理的模式和行动"一文中将反思定义为"回顾、重建、再现及批判性地分析自己的课堂表现，并给出基于证据的简单解释的过程"。反思性知识是教师实践性知识中的一种。教师反思总是被嵌入"实践性知识"

中(Cochran-Smith & Lytle，1999)，或被嵌入教师在课堂中所经历的反思性实践中。因此，当教师把他们的课堂和学校当作进行有意识的研究场所时，他们才能最好地叙述和理解反思(Cochran-Smith & Lytle，1999)。

从心理学的角度看，反思是一个认识过程。托宾和贾库波斯基(Tobin & Jakubowski，1992)在研究教师的反思时，提出了促使教师改变的六个必要的认知条件的框架：①对事物的情况感到不安或不舒服；②意识到只有改变才能导致进步；③采取行动的决心；④教学视野；⑤可视化课堂中发生的变化，并对发生的变化进行反思；⑥对教师自己的实践进行反思，并对课堂中自己的行为提出问题。他们不认为这些条件之间存在层级或线性关系，但是它们都是维持持续变化的必要条件。

一、反思的基本概念

"教学反思"一词是由"反思"一词衍生而来的，因此在明确"教学反思"的定义之前需要首先了解"反思"的概念。

关于"反思"一词，有着许多不同的定义。《现代汉语词典》将反思解释为："思考过去的事情，从中总结经验教训。"人们通常将反思等同于"内省"，从这一意义上看，反思就是对自己过去的思想、心理感受的思考，以及对自己体验过的事物的理解、描述、体会和感悟等。儒家弟子往往以反省作为自我要求，曾子曰："吾日三省吾身"(《论语·学而》)，即强调通过反思来促进自我发展。在西方哲学史上，黑格尔对反思的认识达到了一个新高度，他提出反思本身是一个过程，即反思是一种从把握外在本质到把握内在本质的过程。

因此，我们可以将反思看成一种由理智思考向知识积累与更新推进的过程，反思能够促进反思者的自身发展。

舍恩(Schon)于1983年指出，反思是专业工作者在其工作过程中能够建构或重新建构遇到的问题，并在问题背景下进一步探究问题的过程。基于这一观点，将反思迁移到教育专业领域内，则教学反思就是教师在教育教学过程中能够建构或重新建构遇到的问题，并且在教育教学的背景下进一步探究问题的过程。舍恩进一步指出，在教师培训中，通常不仅需要由外部向教师传授专业知识，如专家或教师培训工作者向教师传授教与学的一些知识，而且也同样需要通过教师对自己实际的教学实践经验反思来增进其对教学的理解，从而提高教学水平。因此，我们可以得知，教学反思与教师的成长密切相关。

二、反思的途径

实现反思有很多途径，如追溯、回想、思考、反刍、细想、深思、沉思、细心思考等，借助这些途径，我们可以进入到不同的反思层次。常见的反思途径有总结性思考、自我检讨或赏析、对比性思考和批判性思考等。

总结性思考作为反思的一种途径，需要反思者通过描述与罗列现象来表述其做了什么。例如，在案例 1-1 中，张老师在学期结束前，对自己一个学期以来的教学日志进行教学审计就是一种通过总结性思考途径进行深入反思的示例。

自我检讨或赏析，是指反思者通过细想、深思来分析一件事情做得怎样。例如，在案例 1-1 中，"张老师尝试着把录像中的自己当成旁人来重新审视，默默地记录着录像里'那个教师'的语言、板书、导入、讲解、提问、演示、强化、指导、组织等课堂中的一举一动，思考'他'为什么这样做，这样做好不好，有没有更好的办法来辅助'他'达到更好的效果……"就是一种通过自我检讨或赏析的途径进行反思的示例。

对比性思考是指反思者分析一件事情哪儿做得好、哪儿做得不好。在案例 1-1 中，张老师在第二篇反思日志中，针对其探究型教学实践，按照表 1-7"在本周中我感到最自豪的教学活动"及表 1-8"我最有可能改变的教学活动"，以对比性思考为途径进行了深入反思。

批判性思考的本质是评价，当反思者分析做一件事情的原因并判定优缺点的过程，就是批判性思考，换言之，批判性思考也是一种探究。例如，在案例 1-1 中，张老师对他两次探究型学习课都借助教学反思日志从设计到实施进行了多角度、多方面的评价，这一过程展示了张老师作为反思者运用批判性思考的反思过程，同时也反映出一名教师探究教学实践行为改进的教师专业发展的过程。

不难看出，上述四种反思的类型是逐步深入的，总结性思考行为是比较低层级的反思行为，而批判性思考则属于高层次的反思行为。

三、教学反思的定义

根据以上的叙述，我们可以将反思的定义作如下归纳：反思是行动主体对自身行动的整个过程，采取批判性的回顾、分析和检查，总结自身的行动经验，最后通过理性思维判断，调整和控制行动，实现问题解决与自我发展的一种能动的、审慎的认知过程。简而言之，反思是一种能动的、审慎的认知过程。

目前，有关教学反思的定义尚无定论，下面给出的是两个国内外比较有代表性的定义。

1. 舒尔曼的定义

舒尔曼在 1987 年提出的教学推理与行动模式中将教学反思的过程定义为："回顾、重建、再现、批判性地分析自己的课堂表现，并给出基于证据的简单解释的过程。"这一定义指出了教学反思的几个重要途径与层次。

（1）回顾

回顾是指教师对之前完成的教学过程进行简单的回忆。大多数教师在做反思时基本停留在这一层面，如果教师要进行更高一层的反思，则需要用到"重建"这一途径。

（2）重建

重建是指教师重新建构课堂教学行为，并为自己基于反思的重建提供一些证据的简单解释。例如，某位教师在反思中提到："我应用了抛锚式教学方法改进了我的教学设计与实施过程""我运用了问题解决的策略模型来建构课堂中基本的师生对话活动"等，这些都是"重建"的表现。

（3）再现

再现是指运用一些特殊的方法或技术手段将课堂中的一些情境重现出来。例如，运用录音、录像设备将教师的课堂教学完整地录制下来，并通过回放功能来"再现"教师的课堂教学情境。除了运用多媒体手段外，还有一种"再现"方法就是课堂关键事件叙事，这方面内容将在模块三中进行介绍。

（4）批判性地分析自己的课堂表现

这是指质疑性地、辩证否定地、扬弃地分析教学行为的过程，属于高层次的反思。

在舒尔曼的这一定义中，除了对以上四个途径进行表述外，还提到了教师在进行教学反思时需要做基于证据的简单解释的过程，换句话说，就是必须要回答为什么的问题，即分析某种教师教学行为背后的原因，以及分析这种教学行为为什么做得好或者不好。

2. 王映学和赵兴奎的定义

王映学和赵兴奎于 2006 年提出，教学反思是教师对于教什么与如何教的问题进行理性和有伦理性的选择，并对其选择负责任；同时，教学反思也是指教师在教学过程中通过教学监控、教学体验等方式，辩证地否定（即扬弃）主体的教学观念、教学经验、教学行为的一种积极的认知加工过程。在教师调动自己的元认知对自己的教学过程进行监控时，教师自己的元认知能力，即认知的认知能力，就会提到一个更高的层次，这也就是为什么说教学反思是一种积极的认知加工过程的原因。王映学和赵兴奎的定义告诉我们，教学反思一定会带来教师教学行为的改进，并且在这一过程中，教师还会伴有一些积极的体验过程。

四、教学反思的特点

教学反思具有实践性、主体性和创新性三个特点。

首先，教学反思一定是在教学实践中完成的，它不可能脱离于教学实践而单独存在，因此教学反思具有实践性。

其次，教学反思是通过教师主体经过认知加工而实现的，在反思过程中既有主体的认知因素的参与，也有非认知因素（如情感等）的参与，因此教学反思具有主体性。教师只有通过自身的主体作用，将外部的信息进行认知加工并加上自身非认知因素的作用，才有可能达到预期的反思效果。

最后，教学反思促进教师通过不断怀疑自己、否定自己并且进而超越自己实现创新，因此教学反思具有创新性。从这一点也可以看出教学反思为什么是教师专业发展的重要途径。

五、教学反思的内容

综上所述，我们可以将教学反思理解为：教学反思就是教师对教育教学实践的再认识与再思考，由此，教学反思的内容应当包括五大部分，也被称作"五大指向"。

指向一——课堂教学实践。内容包括：分析、评价教学活动本身的利与弊，以及影响教学活动的因素，如教学重点、教学难点、教学方法、教学策略及教学技巧应用等。

指向二——学生发展。内容包括：学生的学习成绩和各种能力培养、学生的学习兴趣和学习方法培养、学生健全的心理与人格发展等。

指向三——教师发展。内容包括：教师自身的专业知识和专业能力、教师的人格魅力与自我形象等。

指向四——教育改革。内容包括：考试制度改革与课程改革、教育体制改革与教育改革实效等。

指向五——人际关系。内容包括：师生之间或生生之间的关系、教师与家长的关系、教师与同事的关系等。

在实际的教学反思中，这五个部分通常是混合在一起的，但是在做教学反思时需要有一定的聚焦性。因此，教师要注意在教学反思过程中针对某一部分的内容做深入挖掘与分析。

·关于反思的几个难点问题的讨论·

一、反思是仅仅局限于对行动的思考，还是与行动密切相关、难以分解的过程？

尽管反思是一种特殊的思维形式（刘加霞和申继亮，2003），如上所说是一种思维的认知过程，但是约翰·杜威（John Dewey，1939）曾明确指出，反思也包括问题解决方案的实施，反思伴随于行动过程中，行动者会通过反思来调整、修订个体的行为，这种基于反思的行动被称为"反思性行动"。

反思一定会引发行为的改变并且会伴随行为的调整与改进。例如，案例 1-1 中的张老师通过两次自我反思，在"如何更好地针对小组提出合作学习探究的问题""如何改善学生运用相关知识验证其猜想的效果"以及"如何高质高效地实现课堂小结"等方面发生了教学行为的改进。

教师作为专业工作者，不仅需要将科学的理论、思想运用于实际工作的情境中，还需要具备建构与重新建构其所面临的、复杂的、模糊不清的问题，检验各种解释，并以此来调整自己行为的专业能力（Schon，1983）。这就是反思对行为的一种影响。因此，反思不仅应该发生在行动之后，例如，教师对上一节课进行教学反思，并在下一节课有意识地调整自己的教学行为；也应该发生在行动之中，例如，教师在课堂教学过程中适时地进行反思。反思是一种将思考与行动紧密结合的过程。

二、反思是比较短暂而迅速的，还是持续而系统的？

当行动者个体在行动中，有意识地或潜意识地不断对与他以往经验不符合的、未曾预料的问题情境的重新建构时的反思，如课中反思，被称为行动中反思（reflection-in-action），此时的反思是短暂而迅速的，也比较难以捕获（Schon，1987）。

当行动者个体对已经发生的行为进行回顾性的思考，如课后反思，其中也包括对行动中反思的结果与过程进行再反思时，此时的反思被称为行动后反思（reflection-on-action），这种反思具有持续性和系统性（Schon，1987）。

因此，反思既可以是短暂的、迅速的，如行动中反思，也可以是持续的、系统的，如行动后反思。

三、反思是一种个人活动，还是一种社会性的、公共性的活动？

反思的实质是一种对话。当反思者进行自我内部对话时，反思是一种反思者的个人活动；而当反思者与外部进行持续而系统的对话时，一个反思活动的共同体会逐渐形成，此时的反思活动是一种社会性和公共性的活动。个体反思是集体反思的基础，集体反思对个体反思同时具有促进作用，二者时常是共存的。

因此，反思是一种建立在教师个人自我反思基础上的、社会性的、公共性的活动，培养教师反思能力的最好方式是在教师个体自我反思的基础上，开展教师作为研究者的持续的专业对话与合作。

四、反思是一个客观的、理性的逻辑推理过程，还是一个与情感、关怀密切相关的过程？

教学反思具有理性成分，因为教学反思是教师对于教什么和如何教的问题进行理性的和具有伦理性的选择（Georgea M. Sparks-Langer et al.，1989）；同时教学也具有非理性成分，教学反思不仅是"左脑行为"，也是"右脑行为"（Korthagen，1997，2005），换句话说，教学反思也经常依据教师不同的价值取向而伴随着一定的情感成分。

教学反思不仅是教师的一种认知行为，在认知过程中，也会伴随着教师积极的情绪、情感体验，与教师的非认知因素有着密切的联系（刘加霞和申继亮，2003）。因此，反思是一种认知过程，但教学反思却不仅是一种认知过程，它既包括认知成分，也一定包括非认知成分，如教师的积极情绪与情感体验。美国心理学家波斯纳曾经提出一个教师的成长公式：成长＝经验＋反思。

综上所述，教师的专业发展不仅要靠日积月累的教学实践经验，更需要教师对自己的教育教学过程不断地进行反思的能力。希望本书能帮助您掌握这种能力，使您在专业发展的道路上走得更远。

◆▶ **案例研读** --

案例 1-2　榜样的作用

> 本案例的主人公应老师是一名来自四川省成都市 P 小学的一位新手教师。与所有的新手教师一样，应老师对教师生涯充满向往，十分热爱教师工作和天真烂漫的孩子们，渴望得到名师的指点与帮助，盼望尽快获得专业成长。本案例介绍了她作为一名新手教师在使用了一种独特的个人反思的方法与技术后获得专业成长的故事。

·案例背景·

应老师是成都市 P 小学一年级数学组的一位新手教师。自 2009 年任教以来，在实际的教学过程中，应老师迫切地感到作为新手教师，自己的教学经验不足而且对新技术、新方法掌握得不够熟练。

　　恰逢此时，应老师所在的学校被选为首都师范大学王陆教授团队的靠谱COP项目学校，应老师也因此成为了P小学靠谱COP团队重点培养的一名新手教师。在靠谱COP这个大家庭里，应老师学到了很多教学的新理念与新方法，结识了很多志同道合的同行，其中靠谱COP的高质高效远程合作学习圈中的专业学习更是为应老师的教学提供了不少帮助。

　　在近两年的教学实践中，应老师一直被一个教学难点困扰着，那就是如何上好一年级下册中的"两位数加一位数（进位）"这节课。在应老师曾经的一次教学中，为了贴近学生的视角，激发他们的积极性，她特意了解了学生的兴趣爱好，制作课件时选用了大量学生喜欢的卡通人物，并且设计了很多游戏环节。本以为这样会激发学生的学习兴趣，营造较好的课堂氛围，然而一节课上下来，应老师却发现并没有达到预期的教学效果，教学目标也实现得不够好。在这节课上，学生们沉浸在设计好的故事情节中，的确都玩得很开心，但他们却不能真正理解和掌握进位加的计算方法。

·名师榜样·

　　就在应老师为此感到困惑的时候，靠谱COP平台中一位讲授小学科学课的范老师的教学录像引起了她的注意。这位范老师是一名经验丰富的成熟型教师，学生都非常喜欢上他的课，而且他的课一旦上传到平台中，就会引起众多靠谱COP成员的高度评价，同时，也会得到靠谱COP助学团队专家们对其课例进行课堂教学行为大数据分析后的一致好评。于是，应老师决定通过观看范老师的"自然中的作用力"一课的录像，从中了解范老师能够把课上得成功的原因，进而尝试解决自己的教学困惑。

　　在"自然中的作用力"一课的录像中，应老师看到，一开始上课，范老师就拿出一个生鸡蛋，向学生们发问："有谁想挑战一下用手掌将鸡蛋攥破？"很快，班上最强壮的一名学生走上讲台接受挑战。大家都以为他可以很轻松地攥破鸡蛋，却只见他在使出浑身解数之后，鸡蛋还依旧完好无损。这一"反常"的现象引起了全班学生的好奇，他们一个个接连上台接受挑战，但谁也无能为力。此时，范老师叫班上一名较为瘦小的学生走上讲台，并指示他用两个手指将鸡蛋捏破，"奇迹"发生了，鸡蛋竟然很轻易就被捏破了，学生们都非常惊讶。随后，范老师对这一过程进行了详细的分析，使学生明白了真相：由于鸡蛋壳独特的球形构造，以及手掌发力时各方向的力互相抵消而让鸡蛋显得无比坚硬；相反，用两个手指，减小了受力面积，增加了蛋壳的受力而使鸡蛋轻易被捏破。范老师通过这样的实验巧妙地引发了学生的疑惑，并给学生解释了大自然中力的相互作用与相互抵消。在应老师看来，这节课的成功之处在于，教师巧妙地利用了实验和现场验证等活动激发学生的探知欲，让学生在实际操作中进行体验，深刻理解，并同时加深记忆，这样不仅能帮助学生在轻松快乐的课堂中弄懂科学道理，而且也有助于他们对教学重点、难点的理解与消化，增强了他们探究自然奥秘的兴趣。

　　这节课对应老师产生了不小的触动，应老师随即陷入深思：范老师为什么能如此受学生欢迎？他身上有哪些特征让我敬佩？他在教学中的哪些行为体现和代表了这些特征？他身上的哪些能力值得我借用并整合到自己的教学中？

　　经过深入思考，应老师终于找到了答案：范老师之所以受学生欢迎，是因为他善于设计很多学生感兴趣的活动，通过学生的亲身体验，把抽象的知识具体化，从而加深学生的认识和理解。而这一点正是自己的课堂教学中所缺乏的！如果能把范老师的这种教学方式整合到自己的课堂教学中，那么"两位数加一位数（进位）"这节课也就有可能达到令人满意的教学效果。

于是，应老师以范老师为榜样，借鉴这种体验式学习方式，开始改进和提高自己的教学行为。同时，为了能从范老师身上学到更多的东西，应老师通过靠谱COP网络平台与范老师取得联系，向他表达了自己的这些想法，并且希望得到范老师进一步的指导与建议。范老师很乐意帮助应老师实现愿望，也很支持这种把自然科学课中的探究学习嫁接到数学课堂的想法。在仔细阅读了应老师的教学设计和课件后，范老师首先肯定了应老师的教学理念，同时也提出了一些改进的建议。经过多次向范老师请教，共同交流探讨后，应老师决定借助学具，把课件中的某些演示活动改为学生的实际参与活动，进而调动学生的学习探究欲，使课堂达到良好的氛围。

·积极实践·

随后，应老师重新上了"两位数加一位数（进位）"这节课。应老师事先准备好各种教具、学具，信心满满地走进课堂，期待着学生们的精彩表现。

在应老师下发了学具后，学生们都很开心，并立即动手操作起来。但是随着操作的进行，应老师渐渐发现了几个始料不及的问题：很多学生在操作前不能选择适当的学具，随手抓起一个就用，操作完后也不注意保留结果就把学具推向一边，开始做与课堂无关的事情；有一个学生在操作中毛手毛脚，还把学具撒了一地，小塑料棒滚到教室的各个角落，很多正在操作的学生停下来帮助收捡，有的小塑料棒还被踩坏了；在规定的操作时间到了之后，有的学生还没有操作完，当其他同学讲解操作过程时，这些学生仍然在摆弄自己的学具，而没有听取其他同学的汇报。

·同侪互助·

　　课后，在录像中再次看到这几个场景后，应老师又一次迷茫了，这次精心设计的课堂操作活动并没有想象的那么成功。虽然通过实际的动手操作，学生们对进位加算法有了比较深入的了解，但是在课堂管理和时间分配上又出现了新的问题。

　　应老师情绪低落地回到办公室。见此情景，同事张老师对应老师给予了耐心的开导。张老师是与应老师一起参加靠谱COP项目的数学老师，他在了解了应老师的想法后，决定帮助应老师共同解决这一问题。他认真将这节课的录像看完后，便与应老师就课堂管理和时间分配的问题进行了深入的探讨。

　　张老师说："我很赞同范老师的教学理念与教学设计。好动是儿童的天性。在数学教学中，通过让儿童使用学具等动手活动，可以帮助他们获得直接的感知，再通过手脑并用，便可较为容易地建立起清晰鲜明的表象，进而培养儿童的抽象思维能力和空间观念。操作本身就是一种学习手段，动手操作能使概念、法则和规律更感性和直观，便于理解和掌握，也有助于学生数学能力的培养。所以，你这节课借鉴范老师的设计理念是值得肯定的！"

　　应老师说道："可是小学生注意力往往带有明显的无意性和情绪性，在动手操作时，他们常常被学具的色彩、形状等吸引，凭着自己的兴趣摆弄学具，并且动手操作后也不善于保存结果。与单纯观看教师演示相比，让学生在课堂上操作学具比较费时，特别是刚开始时，由于学生还不善于取出、放回学具，使用起来更花费时间，导致课堂时间不够，有时甚至难以控制，起不到有效促进学习的

41

作用。"

张老师说："因此，实际的数学课堂和自然科学课堂还是有很大差别的，在范老师的课堂中是所有学生在观看某个学生的操作，旁边还有老师在做指导，而你的课堂几乎是'放羊'式管理，课堂能不陷入混乱吗?! 低年级的学生由于受已有知识基础、动手能力等因素影响，独立操作能力还不完善，需要在教师或同伴的指导下进行，这就是你这节课之所以出现大问题的原因所在!"

应老师恍然大悟地说："嗯! 我明白了，虽然榜样的力量是无穷的，但是也不能一切照搬，还要考虑实际情况。我希望找到一个两全其美的办法：既能让学生在动手操作中加深体验，又能解决实际操作给课堂管理带来的种种不便。"

张老师接着说道："王陆教授不是给咱们做过交互式电子白板的应用培训嘛! 你把现实的操作活动搬到交互式电子白板上，这样一来，学生就可以借助交互式电子白板来进行操作活动，你也省去了准备学具、管理课堂的麻烦，而且交互式电子白板还能自动记录所有学生的操作，多好啊!"

经过与张老师的反复商讨，应老师终于找到了解决问题的途径：仍然借鉴范老师的操作性活动，但是有所不同的是，把现实的操作活动搬到交互式电子白板上。这样一来，既能保留学生的操作活动过程，又解决了课堂管理的难题。

·实践改进·

应老师在靠谱COP助学者与张老师的热情帮助下，积极学习交互式电子白板的相关功能，与此同时，她把一些基本的操作要领教给学生，同时也为下一次"两位数加一位数（进位）"的授课做着积极的准备。

为了突破这节课的重点和难点，应老师运用交互式电子白板设计了两个活动。第一个活动是操作活动：应老师让学生们分成小组，先在小组中讨论操作的方法，之后每个小组派一名代表在交互式电子白板上操作他们计划选择的学具，演示进位加法的算法过程，其他学生则聚精会神地观看其演示进位加算法。第二个活动是探究活动：应老师让学生们在小组沟通交流中学习练习书写进位加的竖式及结果表达。有的学生选择小棒作为学具，有的学生选择珠子作为学具，还有的学生选择方块等作为学具。

在三个小组的代表操作活动结束后，应老师让学生回忆三个操作活动的共同点。学生们发现，三位同学对加法"28＋4"的算法演示都产生了一个新的"10"，这同时又为后面竖式的"进位小1"的由来奠定了基础。

这节课的第二个大环节是探究进位加法的竖式写法。应老师让学生在练习本上先练习写，然后请一位学生在交互式电子白板上进行展示，并且还利用交互式电子白板的回放功能给全班学生再次重现了加法竖式的写法。

那位上台展示竖式写法的学生还对自己的演算过程进行了解释："刚才不是三位同学的操作都产生了一个新的'10'吗，而我这里因为是'8＋4＝12'，一样是产生了一个新的'10'，这个竖式中红色的'小1'就是这个新的'10'，所以它一定要写下来，提醒我们十位加法的时候要注意一起加。"

毋庸置疑，这次"两位数加一位数（进位）"的课堂教学效果非常好，学生们学得很开心，教学重点、难点也都顺利突破了，学生们不仅已经能够理解进位加法，而且还能初步应用进位加法进行运算。

· 同 伴 观 察 ·

　　这节课结束后，担任课堂观察员的张老师对应老师进行评价时说道："总的来说，这节课使用交互式电子白板中的资源库，大大简化了教师在课前的教具、学具的准备工作，教师不需要浪费时间去准备实物，课堂管理也不会出现混乱的场面。应老师运用交互式电子白板的资源库、小工具等功能让课堂变得更加鲜活灵动，孩子们操作起来兴趣盎然，课程的重点、难点也随之迎刃而解！"

　　学生们也纷纷说出了自己对于这节课的感受。小红说："使用交互式电子白板中的小道具做学具，既简单又好玩，比听老师讲解有趣，其中的道理也更容易明白。"小亮说："通过交互式电子白板上的操作可以了解很多交互式电子白板的用途，也可以学到很多新的知识。"小强说："以前老师准备的学具，我们在使用的时候可能不小心会弄丢、弄坏了，现在有了交互式电子白板，老师和我们就都不用担心这些问题啦！"小华说："有了交互式电子白板，上课的活动比以前多了，而且我们的操作过程可以很清楚地让其他同学看明白，同时交互式电子白板也非常有趣！"

　　从学生们的发言中，应老师渐渐明白了，学生们喜欢这样学习数学。

　　为了让其他老师能够分享自己教学改进的过程与经验教训，应老师将自己对"两位数加一位数（进位）"这节课的反思录制成了 DST 数字故事，并上传到 COP 平台。应老师的这个 DST 数字故事荣获了靠谱 COP 项目举办的教学反思 DST 数字故事讲述比赛的一等奖。

· 自 我 反 思 ·

　　回顾这次教学实践改进的难忘经历，应老师在反思日志中写到：

　　一名教师专业发展水平的提高需要在三个维度上下功夫。第一，要从榜样的角度去反思。在我们身边有很多非常优秀的教师，可以从他们身上学到很多有用的东西。我们要多与之进行对比，找到自己的不足，并大胆地运用"拿来主义"，把这些优秀教师的闪光点整合到自己的教学实践中。第二，要从学习者的角度去反思。教师要经常把自己放在学生的位置上，从学生的角度来审视自己的教学行为，聆听他们的话语，接受他们的意见，从而进一步了解他们的学习需求和学习障碍，在教学中能够更好地实践以学生为主体的思想。第三，要在与同事和专家的交流中反思。同事最清楚我们的短长，也最了解我们教学中的问题，他们身上总会有对我们专业成长有价值的东西。专家能够在我们困惑的时候雪中送炭，排忧解难，他们的独特视角会把我们带入到一片更广阔的天地。

　　"三人行，必有我师"，讲的就是人际交往中的智慧助长问题。作为教师，我们要善于观察和发现其他教师身上的闪光点，并将它们消化吸收，为自己所用。一个优秀的教师仅有经验的积累是不够的，还应该以他人为鉴，对自己的经验行为进行剖析、研究与反思。与此同时，我们还要多与同事进行沟通交流，互相探讨，共同提高。《学记》中写到："是故学然后知不足，教然后知困。知不足，然后能自反也；知困，然后能自强也。故曰，教学相长也。"因此，在教学这种互动的过程中，受益者不仅仅是学生，教师也是师生互动的受益者。通过与学生的沟通交流，教师可以更好地理解教学；通过调查学生的认知水平和需求，教师可以摒弃自己的许多"霸权假定"；为了学生的成长与进步，教师需要把教学当作一项研究来对待，从而切实改进自己的教学。总之，教师应该永远拥有两样东西：一个是永不熄灭的灯——追求之灯，一个是永不关闭的窗——审视之窗。

➡ 案例分析 --

自我反思的方法与技术

显然，与案例 1-1 相比，案例 1-2 的自我反思的方法与技术有明显的不同。请您在认真研读案例 1-2 后填写表 1-10，并从本案例中的自我反思的方法与技术的特点、教学行为的改进及与案例 1-1 对比分析三个维度上分析案例 1-2。

表 1-10　案例 1-2 的分析表

分析主题	分析结果
您认为该案例中应老师的教学反思有哪些特点？	
您认为该案例中应老师的教学反思促使她的哪些教学行为发生了改变？	
您认为该案例所呈现的教学反思方法与案例 1-1 中所呈现的方法与技术存在哪些区别？	

◆ **案例研读** -

案例 1-3　一次课后集体反思会

> 本案例的主人公王老师是一名来自山东省淄博市 C 中学小学部、拥有四年教龄的新手数学教师。本案例展示了王陆教授团队及 C 中学的靠谱 COP 团队的教师在集体观察了王老师的"线段、射线、直线"一课后，所召开的课后集体反思会的过程与内容。

·案例背景·

　　本案例介绍的是在山东省淄博市 C 中学召开的一次针对小学部王老师的一节数学课的课后集体反思会。本次反思会由来自首都师范大学王陆教授带领的靠谱 COP 团队的助学者杨乐主持，参加本次课后反思会的有：首都师范大学靠谱 COP 团队的王陆教授、冯涛老师与另外两位助学者张薇和乔霞，以及 C 中学由孙副校长带队的靠谱 COP 团队的全体教师。下面我们将以对话记录的形式展示本次集体反思会。

·明确议题·

　　主持人：各位老师，大家好！我是本次课后反思会的主持人。今天，也就是 2011 年 4 月 29 日，我非常高兴再次来到山东省淄博市的

C中学，与各位老师及我们靠谱COP团队的助学者一起召开本学期的第二次集体反思会。本次集体反思会聚焦的教师是王老师。王老师是一名有四年教龄的新手教师，她任教的科目是数学，今天我们大家一起观察了王老师的一节小学二年级的数学课——"线段、射线、直线"。此次集体反思会在内容上聚焦本学期以来我们一直集体研究的问题——高质高效的合作学习，具体来说就是关注三个问题：合作学习的任务结构、合作学习的动力结构，以及合作学习中的冲突管理。此次集体反思会的流程将以这三个问题为主线展开。

· 第一个环节：自我反思 ·

主持人： 首先，我们进入集体反思会的第一个环节——自我反思。在自我反思阶段，我作为主持人会以对话的形式来支持王老师的自我反思，我会依次向王老师提出三个问题，然后请王老师进行回答。王老师，您准备好了吗？下面，我们的集体反思会正式开始。

王老师，我想问您的第一个问题是：在刚刚结束的"线段、射线、直线"一课中，您在合作学习中使用了什么样的任务结构？顺便说一下，任务结构是指任务的本质，比如，课堂任务的目标、您期望要求的反应结果，以及已知伴随的学习条件等。

王老师： 这节课的教学目标主要是让学生能够区分直线、射线和线段，具体来说就是给出一个图形，学生能够区分它是不是线段、是不是直线。我觉得通过第一次课堂讨论活动，学生基本上可以达到这样的教学目标。但是在讨论线段时，其中有一个图形（如图1-2中的④所示）有两个端点但中间是弯曲的，学生的意见是既然它有两个端点就是线段，他们忽略了线段是直的这一特点，几乎班上所有的学生都将这个图形误判为线段了。

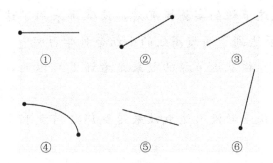

图 1-2　王老师课堂中的练习题

主持人： 这跟您预设的反应结果一致吗？

王老师： 基本上一致。我觉得之前学生对教科书中的概念把握得可能就不够准确，已经存在了某些困惑。所以我觉得这一点是课上需要认真讨论的地方。

主持人： 那么这些情况就是您在课前已经预想过的，是吗？

王老师： 是的。

主持人： 那您能否介绍一下这节课中伴随的学习条件有哪些呢？

王老师： 学习条件，第一个就是印制了一个记录学习情况表；第二个就是在小组合作学习时注意了小组内的分工，特别是对组长的要求比较多。以前是要求组内每个人都要上台发言，但许多学生上去之后没话可说，接受了王陆教授的培训后，我改为每一个小组派一名代表做陈述的办法，其他学生还可以帮助小组陈述人做补充，这样做了以后，我感觉小组陈述环节中知识分享的质量明显提高了许多。

主持人： 您在小组合作之前就对小组的人员进行了角色分配，对吗？

王老师： 是啊，我提出了小组内要设计几种不同的角色，如组长、陈述人、资料员、记录员等，然后让学生自己在小组中协商分工。

主持人： 从这节课的实施情况看，您觉得采用了这样一系列的任务结构后，是否达到了高质高效的小组合作学习呢？

王老师： 我觉得从这节课的效果来看还是可以的，平时我没有上出过这种效果。

主持人： 您说平时没有达成效果是说您之前没有上过这种合作学习课吗？

王老师： 不是，是学生的表现没有达到今天这么活跃的程度。

主持人： 这是为什么呢？

王老师： 平时一节课的任务比较多，学生讨论时间不是那么充分，所以他们的表现不是那么活跃。

主持人： 这是其中的一个原因，那您觉得还有没有其他原因呢？

王老师： 我常发现有一些学生在组里什么都不说，就坐在那儿。学生的层次水平的差异是很明显的，个性也不一样，特别是那些内向的学生，常游离于小组学习之外。针对这一情况，我就对组长提出要求，要求每个组长要组织好小组活动，关注小组中的游离者，要把他们都拉进小组的讨论中，让每个学生都能参与小组学习。学生的积极参与比教师直接讲授的效果要好得多。

主持人： 王老师，谢谢您！接下来请您为我们具体介绍一下在刚才那节课中，您在小组合作学习中运用了什么样的动力结构？动力结构，也被称为奖励结构，就是激发学生完成学习任务的一些方法，包括刺激、分数、具体奖励和抽象性奖励以及履行奖励的具体规则。其中，具体奖励就是您可以给学生一些物质性的奖励，比如某个学生做得好，我就奖励他一张贴纸画；抽象性奖励就是可以给学生贴一些小红花等。在小组学习中，您有没有这方面的设计？

王老师： 刚开始的时候，我采取了加分的方法，就是哪个学生回答对了，我就给他在黑板上加分，或者给表现好的学生加小星星，但是在实际操作过程中这样做很麻烦，我有时候会忘记。比如，在今天这种学生很积极、讨论很激烈的情况下，我就把加分的奖励忘了，学生们也忘了，他们全身心地投入到了对问题的讨论中。

主持人：也就是说，在这种情况下，您感觉不需要奖励机制了？

王老师：对！我认为在这种情况下，如果再去加分，就打断了他们讨论学习的活动。

主持人：我同意您的意见。您能介绍一下在小组学习中出现了哪些认知冲突吗？认知冲突是指学生原有的认知图式与新感受到的刺激信号之间的对立性的矛盾。

王老师：我之前提到过，我请学生们判断几个图形，判断其中哪些是线段，其中有一个图形有两个端点但中间是弯曲的，结果全班学生对这个图形几乎全都判断错了。一开始，几乎所有的小组内部意见都是统一的，即大家都认为是线段。而此时，我有意识地加入了几个小组的讨论，比如，我在第四小组中对学生们说，有的组认为那个图形不是线段，你们怎么认为是线段呢？我的目的就是要引发他们组内的争论，产生认知冲突。于是，第四小组的学生就产生了疑问：其他组认为不是线段，而我们认为是，那到底是不是呢？这时，组内有的学生就提出："我认为不是线段。"可组内的一些学生坚持说是线段，也有两位学生保持沉默。

主持人：这次的认知冲突是您之前有意设计的，对吗？是您为了加深学生对知识的理解有意设计的这样一个冲突，对吗？

王老师：对！我在课前设计时就考虑到，如果学生没有产生这一认知冲突，我会在小组合作学习时促成他们的认知冲突，就像我刚刚讲的第四小组的情况一样。

主持人：如果第四小组有了认知冲突，那您怎么帮助学生消解这一认知冲突呢？

王老师：我的办法是引导学生去教科书中寻找解决冲突的依据，也就是寻找判断这个图形是否为线段的准确的依据。

主持人：当学生从课本中寻找依据的时候，您在这一过程中发挥什么样的作用呢？作为教师，您在消解这一认知冲突时做了哪些工作？

王老师：刚开始是由学生自由讨论，自己解决，我来挑起这一冲突。而真正消解这一认知冲突是在全班讨论环节中实现的。

主持人：在全班学生通过讨论来解决这一问题的时候，您扮演了什么角色呢？

王老师：我好像只是一个维持秩序的人。

主持人：谢谢您！刚才通过我与王老师的对话，王老师对"线段、射线、直线"一课进行了自我反思。下面，请大家一起跟我走进集体反思会的第二个环节——同侪评论。

·第二个环节：同侪评论·

主持人：请参与观摩这节课的老师们发表自己的评论。张老师，您也是数学教师，还是年级组长，先请您和大家谈谈您的看法。

张老师：那我就先说几句吧。尊敬的王教授、靠谱COP助学团队的老师们、同学们，大家好！欢迎你们再次来到我们C中学。王老师在我校的小学部，而我在中学部。我刚刚听了王老师这节课，感觉挺有收获的。王老师这节课给我的感觉就是学生挺兴奋，我听着也挺兴奋。这节课，从一开始的自主学习，到课堂上的小组合作，再到概念探究，我觉得老师的教学设计思想与遵循的原则都很好。再有，这节课充分体现了合作学习的"起于冲突，止于合作"的特点，在教师精心的教学设计下，学生产生了很多认知冲突，并且大部分认知冲突是由学生通过小组合作学习自己解决的。我觉得在这一过程中，可以适当地对数学的基本概念进行梳理。我观察到，很多认知冲突是两个学生之间发生的，生生对话中一对一的对话很多，因此教师可以适当地安排一个环节，让大家在小组内首先对个人观点进行梳理、评价，然后再在组内进行讨论，取得一致意见后再在全班交流。如果这样做，就能够实现王陆教授曾经在培训时说的"评价即学习"的目标，那样，课堂效果可能会更好。最后，就是在判断图形是否为线段时，学生的思路已经打开，教师可以引导学生的讨论再深入一点，上升到规律探究层面，比如，提问学生几个端点会产生几条线段，因为在学生的后续学习中也会涉及这样的知识点。我觉得如果能这样处理就更好了！

主持人：感谢张老师的评论。您的发言给了我们很多启示。下面李老师要求发言了，欢迎李老师发言。李老师，我记得您是咱们学校语文教研组的组长，我想，您的视角一定与数学学科的老师不一样吧！

李老师：感谢王教授一行两年来每个月都到我校指导我们的课堂教学活动。我是一名语文教师，我想从语文教师的角度及COP团队成员的角度先谈一下自己的几点思考。我觉得王老师的这节课在评价方面做得还不是很到位。刚开始的时候，王老师用了十分钟的时间让学生们自己讨论学案；最后的时候，王老师说数学是应该联系生活、源于生活的。而我的想法是，是否在刚开始上课的时候，王老师就创设一个情境，比如，让学生从生活中寻找和判断一些直线、射线、线段，然后借助学具让学生在一开始就对所学内容有一个直观的认识呢？我觉得这节课的优点是学生的表现都非常积极、思维非常活跃，教师也能充分地尊重学生，大多数情况下，能从学生的角度来引领课程，并且能及时地深入小组进行指导。在第二次小组合作学习中，教师也为学生搭建了必要的学习支架，从而引导学生进一步思考。所存在的问题是：第一，教师是否关注了所有的学生，特别是座位靠后边的学生。当学生表现很积极时，教师往往更多地关注座位靠前的那部分学生。第二，当学生开展小组合作学习时，在他们产生了认知冲突，需要意义协商达成一致的情况下，王老师做得还不够好。我的看法是：发言人肯定是代表了本组的想法，但是组内个别学生肯定也有自己的想法，而且据我观察，并不是所有的小组都实现了冲突消解，实现了意义协商。因此，这方面还有待改进。第三，学生在数线段条数的时候，耽误了很多时间，是否可以借助交互式电子白板的控制模式，运用不同颜色的笔来标记出哪些是线段，哪些是直线、射线，这样就可以在一个具体的情境中给学生展示更多的细节，也能更加清晰可辨，同时能为课堂节省不少的时间。所以我觉得在这节课中，王老师对交互式电子白板的应用还停留在较低的层级上，还应该充分地掌握更多的交互式电子白板的功能，为课堂教学服务。

主持人：刚才张老师与李老师都发表了自己的评论，虽然这两位老师来自不同的学科，但他们的评论中有一点与王老师在自我反思中提到的是相同的，即他们都提到了评价的问题。我想，我们需要重视这个共同的意见。哦，孙校长请求发言了，我们欢迎孙校长这位长期从事教学管理和教学研究的专家发言。

孙副校长：我认为合作探究是我们新课程改革的核心内容。山东省也是在全国较早开始推广合作学习的省份，如我省的杜郎口中学的合作学习模式，目前在全国都有一定的名气和影响。就我们学校而言，对合作学习做了进一步的规范要求，主要体现在三个方面：形式、内容及效果。首先，从小组合作学习的形式来讲，教师要注意小组的构成，同组异质、异组同质，六人围坐形成小组的基本外在形式；再有就是分工一定要明确到组内，组长起什么作用，组员谁发言、谁记录等，这些分工都要落实，最终形成小组的共同意见，谁来表述，谁来完成。其次，从内容上来讲，什么时候合作、什么样的问题值得合作，是很值得研究的。我认为，有认知冲突的问题就有必要合作；而不是抛给学生一个问题就进行合作，把合作表面化，这样造成的后果是：第一，小组合作没有实效性；第二，课堂只是表面热闹，却没有什么实际效果。最后，关于合作学习的效果。要想真正达到合作学习的效果，我认为第一需要做好的是评价，无论是物质奖励还是精神奖励，如给学生加分，或让优胜小组展示作品等，都是有效的合作学习中的评价方式。另外，从上学年开始，我们学校要求，必须将小组合作学习的整体效果纳入对学生的学业考试成绩中，也就是说，以小组为单位的合作学习的成绩要以20分或30分的比例纳入到学生的期中、期末考试的成绩中。这样就会有效地促进小组的合作学习。

我觉得在王老师的课中，在"挑起事端"引发冲突这方面做得很好，学生们今天表现得非常可爱，交流发言非常积极、踊跃，争先恐后，让我觉得这些学生们都值得夸奖和赞扬。但是我想提几点建议：第一，教师参与交流指导声音过大，违背了王教授培训时提出的"15厘米原理"。我当时就想，王老师这么大声地跟小组内的学生交流，是想让听课的老师们听到，还是要提醒小组的学生，所以你一说话，总能吸引其他小组的学生抬头看你。第二，在教学中还出现了一个错误：直线与射线哪个长，老师说的是直线大于射线大于线段，我觉得既然直线和射线都不可度量，就不存在谁长谁短的问题。这一点务必请王老师下次上课时予以更正。

主持人： 感谢孙校长的发言与指导。刚才孙校长不仅在宏观上把握了高质高效合作学习的设计与实施，给出了很多建议，而且还提到很多细节问题，一针见血地指出了很多关键性问题。今天一起参加听课的不仅有我们 C 中学靠谱 COP 团队的全体老师们，还有来自首都师范大学王陆教授团队的靠谱 COP 助学者团队的师生们。下面请助学者张薇同学发表课堂观察结果与评论。

　　助学者张薇： 孙校长、各位老师，大家好！我是来自首都师范大学的研究生，也是靠谱 COP 助学者团队中的一员。这次对王老师的课堂观察，我主要聚焦了王老师课堂中的有效性提问。下面结合我的课堂观察结果，对王老师的这节课发表一些自己的看法。在本节课中，教师一共进行了 25 次有效性提问，问题的类型主要是推理性问题和批判性问题，分别占提问问题总数的 52％ 和 28％。在这节课中，教师提出了两个课堂管理性问题，这对维持课堂秩序还是比较有效的。在教师挑选回答问题的方式及学生回答的方式中，王老师主要采取了让学生集体齐答和叫举手者回答的方式，其观察结果是：学生集体齐答问题占总回答次数的 36％，叫举手者回答问题占总回答次数的 32％。其中教师鼓励学生提出问题共计 5 次，这一点是非常突出的。王老师在这节课的提问中注意到有的学生没有回答过问题时就会主动挑选这样的学生回答，占总提问次数的 12％，这样使更多的学生参与了课堂互动。在学生的回答方式上，集体齐答、个别回答、自由答几种形式的分布比较均匀，分别是 36％、32％ 和 24％。在学生回答类型中，主要是机械判断和推理性回答，分别是 44％ 和 36％，另有两次创造性评价回答，占总回答次数的 8％。

　　助学者杨乐（主持人）： 各位老师，大家好！大家都认识我，我是这次集体反思会的主持人，也是来自首都师范大学的研究生，是靠谱 COP 助学者团队中的一员。这节课，我聚焦的焦点问题是当教师提问，学生进行回答后，教师是如何回应学生的具体情况的。这一聚焦观察分为两个方面：一是教师回应的方式，分为言语回应和非言语回应；二是回应的态度，分为肯定回应、否定回应、无回应以及打断学生回答以及鼓励学生提出新问题几个方面。具体的观察结果为：教师的言语回应为 23 次，占回应总数的 92%；非言语回应 2 次，占回应总数的 8%；教师回应态度中肯定回应的次数最多，共有 17 次，占 68%，否定回应 3 次、鼓励学生提出新问题 4 次、无回应 1 次。从刚才我汇报的观察数据可以看出，王老师在这节合作学习课中不仅是一个参与者，还是一个引导者、疏通者。比如，王老师会跟学生对话说："你有办法吗，我有一个工具。"另外，王老师也使用了多样性的鼓励性语言，当学生的回应受阻或者面对学生的非期待回应时，她会进行很多追问，所以这节课，王老师的教师回应的效果很好。

助学者乔霞：各位老师，大家好！我是首都师范大学的研究生，也是靠谱 COP 助学者团队中的一员，我是深圳 H 中学的 COP 工作室主任，这次来到山东省淄博市是向各位老师取经的。我今天也采用了聚焦式观察方法，观察了王老师的"线段、射线、直线"一课中的师生对话深度。我从两个方面进行了分析：第一是师生对话深度，如果是一问一答记为深度"1"，两问两答的记为深度"2"，依此类推；第二是学生的发言所属类型的数据观察。在这节课中，深度为"1"的师生对话有 14 次，占 56%；深度为"2"的对话有 9 次，占 36%；深度为"3"的对话有 2 次，占 8%。另外，学生主动提问有 1 次，占 4%；学生主动回答有 21 次，占 84%；学生被动回答有 3 次，占 12%。从对这一观察结果的分析可以看出，王老师这节课在师生对话上做得还是很不错的。新课程改革提倡师生进行有深度的课堂对话，从而促进学生的深度思考，有利于知识的内化。在这方面，我们需要向王老师学习。

助学者冯涛老师：孙校长、各位老师，大家好！我是王陆教授团队的冯涛，我已经多次来过咱们 C 中学了，今天很高兴跟大家一起再次以集体反思会的形式开展深度专业对话及知识分享。教师的问题类型会直接影响课堂中的知识结构以及课堂的互动情况。我今天对"四何"问题进行了聚焦式观察。所谓"四何"问题就是将教师提问的问题类型分为四类：是何类、为何类、如何类和若何类。王老师这节课的观察结果为：是何类问题占 60%，为何类问题占 20%，如何类问题占 12%，若何类问题占 8%。这一观察结果还显示出，王老师课堂中的"四何"问题具有比较明显的顺序性，显示出这节课中知识由浅入深的递进关系。比如，王老师先提出的是是何类问题：什么是直线、射线和线段？然后又提出为何类问题：为什么它们属于线段而不属于直线？接下来在课堂练习中引出了如何类问题：如何判断一个图形属于直线、线段还是射线？最后，王老师给出了一个新的条件和新的情境让学生继续做判断，这就是若何类问题。此外，王老师"四何"问题的比例呈现出明显的递减趋势，这比较符合这节新课和低年龄段(小学二年级)学生的认知特点。综上所述，我认为王老师这节课中的问题类型设计还是很不错的。

主持人： 感谢冯涛老师的点评！最后请王陆教授就这节课做点评！

·第三个环节：专家引领·

王陆教授： 孙校长、各位老师，大家好！今天我们听的这节课的执教教师是一位新手教师。王老师只有四年教龄，并且加入我们靠谱 COP 团队的时间也不是很长。大家都清楚，在这个学期，我们在靠谱 COP 网上平台和面授培训的主题叫作"高质高效合作学习的设计与实施"，这是一门从上个学期的靠谱 COP 学习过程中生成出来的课程。所以也是我们这次集体反思会的核心焦点问题：如何达到高质高效的合作学习?

　　首先,从技术应用的角度说,王老师在靠谱COP专用教室中使用了交互式电子白板这种媒体,其中,王老师在课堂中使用了交互式电子白板的四种技术:控制模式、时钟功能、视频播放功能和书写功能。我认为,王老师在交互式电子白板的具体应用上还有一个很大的探究空间,可以去做新的尝试与应用。

　　其次,从教学法与教学策略的角度说,在这节课中,王老师共运用了五种教学法:小组合作学习法、授导法、问答法、总结法和练习法。同时,王老师运用了六种教学策略来支持五种教学法,分别是合作学习策略、重复作用策略、对话策略、归纳策略、启发策略和发散性思维策略。其中,应用最好的是重复作用策略,以及归纳策略与发散性思维策略的综合运用。王老师在这节课中所运用的重复作用策略几乎是我们靠谱COP项目组九所实验学校中应用得最好的一节课。此外,王老师的归纳策略与发散性思维策略的综合运用,也是与教学法配合应用得非常好的案例之一。以我之见,这也是这节课让大家直观上感觉特别好的一个重要原因。下面,我重点分析一下合作学习策略上还存在的一些问题,这也是我们这学期要重点解决的问题。我们刚才从不同的角度对这节课进行了分析和诊断,其中一个就是合作学习的设计与实施问题。我们课题组从三个维度来抓合作学习的设计与实施,分别是:任务结构、动力结构和冲突管理。王老师这节课的任务结构是由两次比较清晰的小组合作学习组成的:一次是让学生从学案中找线段;另一次就是练习判断直线、线段和射线,掌握它们各自的特点。在王老师组织的第一次小组合作学习中,采用了小组中的个人任务结构方式,在这次合作学习中暴露出来的问题是始终没有明显的动力结构融入在其中;在第二次小组合作学习中,王老师采取的还是一种组内的个人任务结构方式，但是在这种情况下学生们交流的深度就不够了，同时由于缺乏动力结构与任务结构的相互配合，所以第二次小组合作学习的效率并不是很高。针对王老师组织的这一合作学习的课堂，在我看来，动力结构处于整体缺失的状态。而成功的合作学习任务结构、动力结构和冲突管理三要素是要紧密配合的，三者必须融合在一起，而这节课显然在这方面没能实现很好的融合。

最后，在这节课中，王老师有两个突出的教学特点是值得其他老师学习的，即王老师的两个具体经验。一是如何通过活动设计来实现学习者的知识建构。这节课的知识建构层次非常清楚，我们可以看到三个明显的建构层次：①信息分享的知识建构，是通过找线段来完成的；②深化理解层的知识建构，是通过寻找重要的判定条件来完成的；③组内没有实现，但是在班级范围内实现的意义协商，就是最终我们能把重要的判定条件达成一致。二是这节课中的冲突消解策略也是很有特点的。其实，王老师在小组合作学习层面上的诸多教学努力都是失败的，例如，我观察到的那个小组根本没有形成意义协商，他们出现了一个很奇怪的小组学习模式，就是组长主持下的"微课堂模式"，组长指定谁发言谁就得发言，将一个班级的大课堂微缩成一个六人组的小课堂，组长实际上代替了教师的角色，具有绝对的权威，因此，它不是一个真正意义上的合作学习模式，而是再现了一种微型课堂模式。我观察的这个小组出现了很严重的认知冲突，但始终没有达成一致的意见，而王老师没有寻找到一个新的概念去做意义协商，所以那个小组就反复争论，一位组员重复三次念书上的一段话作为他的佐证，而组长自始至终坚持自己的意见，所以该小组没有达成一致的新概念。他们重复三次念书和争论活动几乎是完全一样的，因此这就不是有效的学习了，而出现这种情况，合作学习就应该停止了，因为这个时候学生的概念缺失就需要教师给出一个更高层级的概念去达成意义协商。最终，王老师使用权威在全班交流的情况下达成了一致，且王老师补充了一些由具体经验到抽象概括的方法，从而实现了冲突消解。其实，认知冲突是可以让学生们自己去消解的。

　　我想给王老师提一些建议：第一，教科书上有这样一句话："线段、射线都是直线的一部分"，但是为什么会引发这么大的认知冲突，你思考过背后的原因吗？那是因为二年级学生的阅读理解能力还不够，学生们由于没有很好地理解文字的意思，造成了这一认知冲突。因此，我觉得教师在数学课中也要帮助学生做好阅读理解工作，这是学科整合的一个很好的契合点，大家应该关注这一问题。第二，王老师在示范的 PPT 中的图形示例比较小，导致后排的学生看不清楚，这时可以运用交互式电子白板中的放大镜功能，避免学生由于看不清楚而误读了有关信息。第三，由于合作学习的动力结构的缺乏，导致了在这节课中没有达成更深层次的合作学习。那么，应该如何设计动力结构呢？特别需要说明的是，动力结构一定要和任务结构配套，这是我们在明天的面授培训中要向大家介绍的，您现在可以先思考一下这个问题。这节课中有一个小组出现了一个组长领导下的"微课堂的合作学习模式"，它是不是一种合作学习？它对我们的课堂教学是有利还是有弊？我们应该怎样去发展、完善、修改这样一种组长领导下的"微课堂模式"，它在什么情况下出现是好的，在什么情况下出现就是有问题的？我期望老师们继续思考和讨论这些问题。我会在靠谱 COP 网络平台上跟大家一起讨论。第四，在小组合作学习的观察量表中，我们对这节课中的五个合作学习小组进行了合作学习参与度的聚焦观察，5 分为满分。在这节课中，五个小组的两次合作学习的参与度平均分达到了 3.6 分，属于比较好的水平，但是最差的一项得分是小组的角色分工。我们五位观察者所观察的五个不同小组几乎都没有角色的划分，只达到了 2.4 分，尽管每个小组都有组长这一角色，但是其他组员未被观察出有明显的分工。这一点与动力结构的缺失有直接的关系。

尽管在本次合作学习中出现了很多问题和不足，但这些恰恰是我们应该进行深入学习和讨论的起点。在座的老师们都认真观察了这节课，由于时间关系，没有办法让大家都发言，但是我们可以在靠谱 COP 平台上做进一步的讨论。谢谢大家！

主持人：谢谢王教授的精彩点评，希望各位老师能认真思考，带着这些建议回到课堂，继续完善我们的课堂教学，促进我们自身的课堂教学实践行为的改进，获得更快、更好的专业发展。

◈▷ **案例分析** -

集体反思的方法与技术

当反思者与外部（如同侪等）进行持续而系统的专业对话，并逐渐形成反思共同体的反思活动时，我们将其称之为集体反思。案例 1-3 所展示的 C 中学的课后集体反思会就是一个比较典型的集体反思的案例。

请您在认真研读案例 1-3 后填写表 1-11，从集体反思的成功要素、集体反思的焦点、集体反思会主持人的方法与技术三个维度对案例 1-3 进行分析。

表 1-11　案例 1-3 的分析表

分析主题	分析结果
您认为成功的集体反思必须具备哪些要素？	
您认为案例 1-3 所呈现的集体反思的焦点都有哪些，其过程有何特点？	
假如您作为主持人主持一场集体教学反思会，您认为自己会采纳该案例中的哪些做法？	

◆ 专家讲座 --

教学反思的类型

　　通过前面三个案例的介绍，相信您已经接触并感受到了不同种类的教学反思的特点。其实，教学反思可以有多种分类方法。

　　如果依据教学监控对象来分，教学反思可以分为自我指向型反思和任务指向型反思。自我指向型反思是指教师以自己的教学观念、教学兴趣、动机水平、情绪状态等心理操作因素为反思内容，以实现调节自我教学实践行为目标的反思；在这种反思类型中，教师是以自己为研究对象、以自己为教学反思的研究工具的一种认知探究过程。任务指向型反思则是指，教师以教学目标、教学任务、教学材料、教学方法等任务操作因素为反思的内容，以实现教学实践行为改进为目标的反思。

　　如果依据反思者群体粒度来分，教学反思可以分为自我反思和集体反思。自我反思又被称为个体反思，即反思者以自我内部对话为基本形式的反思活动，如案例 1-1 和案例 1-2 都属于这类反思。集体反思是指反思者与外部（如同侪等）进行持续而系统的专业对话，并逐渐形成反思共同体的反思活动，如案例1-3所示。集体反思一般在由8～12人组成的反思小组中进行。

表1-12对教学反思的类型进行了总结。

表 1-12　教学反思的类型

分类的依据	途径名称	特 点
教学监控对象	自我指向型反思	教师以自己的教学观念、教学兴趣、动机水平、情绪状态等心理操作因素为反思内容，以实现调节自我教学实践行为目标的反思。
	任务指向型反思	教师以教学目标、教学任务、教学材料、教学方法等任务操作因素为反思的内容，以实现教学实践行为改进为目标的反思。
反思者群体粒度	自我反思	反思者以自我内部对话为基本形式的反思活动。
	集体反思	反思者与外部（如同侪等）进行持续而系统的专业对话，并逐渐形成反思共同体的反思活动。

 观点辨析 -

我所感悟的教学反思

通过前面的案例研读、案例剖析及专家讲座等内容，相信您已经对教学反思的意义与作用、途径与分类等有了初步的感悟。请对比分析自我反思与集体反思的相同之处与不同之处，并将结果填写在图1-3所示的维恩图中。

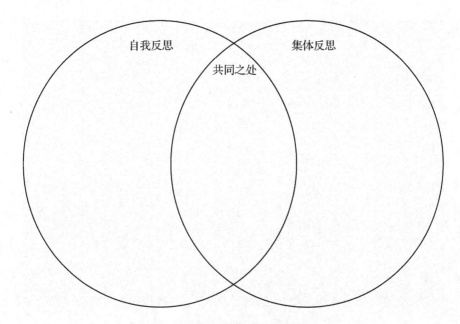

图 1-3   自我反思与集体反思的维恩图

请您根据自己的经验及对案例 1-1、案例 1-2 和案例 1-3 的研读与剖析，列出您认为成功开展教学反思最重要的三要素，将其填写在表 1-13 中，并阐述理由。

表 1-13   成功开展教学反思的三要素

序　号	要　素	理由阐述
1		
2		
3		

模块二　理解教学反思方法与技术

建议时间：8 小时

说明

　　本模块借助专家讲座的形式，为您梳理了自我反思与集体反思的理论基础，并结合模块一中的三个案例，详细介绍了反思的方法与技术。然后，再以方法设计为抓手，促进您对所了解的反思的方法与技术进行反思剖析，从而实现对反思方法与技术的反思，帮助您掌握教学反思的方法与技术

核心概念

　　教学日志法　教学审计技术　角色模型法　同伴观察技术　头脑风暴法

活动	主要作品
专家讲座	图 2-4　四种典型的自我反思模式
方法设计	表 2-4　集体反思要素分析表
对比分析	图 2-5　集体反思要素的反思
	表 2-5　集体反思会主持人的注意事项
	表 2-6　自我反思与集体反思的对比分析表

◆➤ **学习导入** --

目前，由于教师面临着专业知识的改变和越来越复杂的知识体系的挑战，作为反思性从业者，教师需要从不同的角度研究他们自己的实践；而作为自主学习者和问题解决者，教师必须能够发展他们的知识，并努力成为成功的实践者(Bailey et al.，2001)。

西南大学的硕士研究生李平于 2008 年所做的一项教师教学反思现状调查结果显示：第一，近年来随着新课程改革的进一步深入，教学反思的方法也开始呈现出多样化，如教学日志、课后反思、同伴讨论、微格教学等，但面对如此之多的教学反思方法，却有 67% 的教师的教学反思是流于形式的；第二，虽然有 80% 的教师认为教学反思需要与同事进行交流与合作，但只有 34% 的教师在反思中能与同伴合作互助；第三，教师缺乏必要的反思时间与精力，反思往往是经验的简单总结，缺乏深度与有效性。

反思是一种特殊的解决问题的方式，是一种主动的和精细的认知过程。反思至少有经验性与科学性之分。正如熊川武教授(2002)所指出的：经验性反思是个体对经历过的事情的反省性"回顾"，是内隐的心理活动，其主要弊病是可能导致新的不合理性；而科学性反思虽有内隐的心理活动，但延伸到实践领域，是发现问题、提出假说、通过实践检验的完整过程，客观上保证了反思的合理性质。反思是人思想上深思熟虑的结果，它采用的是思想讨论的形式。反思既可以是与本人的思想讨论，也可以是与现实的对话者(如同行同伴)的讨论，故反思具有两种典型的形式：自我反思和集体反思。

本模块将介绍两种科学性的反思方法与两种反思技术，目的是在科学有效地减轻教师反思的负担的同时，保证教师教学反思的有效性，改善目前教师的反思状况。

◈▶ **专家讲座** --

自我反思的方法与技术

·理 论 基 础·

自我反思是指反思者以自我内部对话为基本形式的反思活动。换句话说，它是反思者个体的一种活动。自我反思是教师本人将对自己的教学过程的再认识与再思考主动地、积极地嵌入自己的"实践性知识"中，重构实践性知识的一种过程（Cochran-Smith & Lytle，1999），因此自我反思过程是教师专业学习与专业成长的过程。

自我反思是教师开展教学反思的基础，而自我对话是教师开展同侪之间专业对话的重要基础。教师与自身的对话是和教师自身的教学实践紧密结合在一起的，这种自我对话是一个内部的过程，是教师对自身思想的认识与思考，既是教师对课程理论、教育理论的消化与吸收，也是教师对教学计划、学生学习情况的分析。自我对话可以涉及一切与工作相关的事物，包括自己的想法、教案、上课的过程，这种反观自省可在教学实践的"行动中"，也可在教学实践的"行动后"进行（翁秀平，2007）。

舍恩（1983）曾指出，教师往往是本能地执行教学任务，在行动前或行动中并没有进行过思考，因此也就常常没有意识到他们已经学会和掌握了实践取向的实践性知识，即关于如何教和如何支持别人学的知识。这种实践性知识是行动中的知识（knowing-in action），也是缄默性知识（tacit knowledge）。自我反思最重要的一个目标就是要激活这种知识，要让教师认识到这种缄默性知识即隐性知识，要让教师发现自己的实践性知识，并且把隐性知识的状态显性化。由于这种实践性知识是行动中的知识，是一种缄默性知识，属于隐性知识的范畴，因此它的传播过程、学习过程、扩散过程和创新过程都跟显性知识有所不同，故而自我反思在教师专业学习和专业成长过程中扮演着十分重要的角色。教师自我反思的最重要的方面就是要意识到自己的缄默性知识，即实践性知识，并加以激活、评判、验证和发展，使之升华为教育理论，这是教师自己的理论，也是教师自己的教育理论和理念的凝结。这样的理论是在实践中生成的，能够很好地指导教师的教学实践。由于实践性知识是依赖于特定的、课堂的、独特的环境而存在的(Munby et al.，2001)，所以，教师的自我反思必须聚焦于产生实践性知识的复杂的课堂环境中，并在基于课堂教学的情境中去研究它们(Connelly et al.，1997)。

自我反思有两种典型的方法与技术：教学日志法与教学审计技术、角色模型法与同伴观察技术。

·教学日志法与教学审计技术·

教学日志法一般以周为单位，要求教师对一周以来的教学过程的再认识与再思考进行持续记录，是一种用语言文字生动表达教师自己的理解与感受的自我反思方法。

然而，我们在现实生活中也看到有些教师，几乎坚持每周都写教学日志，却仍然成为不了名师，甚至无法成为一名研究型教师。究其原因不难发现，这是因为教师不仅要做这种以周为单位的教学日志的记录，还要在此基础上进行反思的反思，也就是本模块中所介绍的教学审计技术。

教学审计技术一般以学期或学年为单位，在教学日志的基础上，运用审计技术来总结、归纳和识别教师所获得的技能、知识与洞察力。因此，教学日志是一种反思的方法，而教学审计技术是一种基于反思的反思技术。

通常，反思日志框架都采用以问题为支架的结构。我们综合了国内外的有关文献，并在长达12年的大学支持下的校本研修中支持教师做自我反思的技术的基础上，总结了一个反思日志框架，如图 2-1 所示。

- 在本周中我感到最自豪的教学活动是什么，为什么？
- 如果给我一个重试的机会，我最有可能改变本周的哪些教学，为什么？
- 作为一名教师，在本周中最让我感到沮丧或焦虑的事情是什么，为什么？
- 在本周的校本研修中，我最大的收获是什么？

图 2-1　反思日志框架

表 2-1 是河北省唐山市第五中学尹洪文老师在参加"一体化项目"时，按照图 2-1 所示的反思日志框架撰写的一个反思日志文本示例。

表 2-1　教学反思日志示例

学校所在省份	河北省	学校所在市县	唐山市
学校名称	唐山市第五中学	教师姓名	尹洪文
日　期	2011 年 11 月 2 日	校本研修周数	第六周
在本周中我感到最自豪的教学活动			
教学活动描述		**原因分析**	
在讲解复习课"直线的方程"中，我复习了几种直线方程的形式，并强调了几种形式的联系，在讲解习题时，我启发学生拓展思路，尝试一题多解，并且在做题时，适当转换已知条件，得到不同的结果。整节课，学生积极性空前高涨，尤其是本节课我采用了分组探究的小组教学模式，学生积极参与，课堂气氛活跃。一节课下来，学生对知识的掌握情况比以往任何一节课都好，并且表现得非常愉悦。		1. 本节课我采用了分组探究的教学模式，调动了学生的积极性，使学生的参与率提高，学生自主学习，基本做到了以学生为主的课堂教学。 2. 本节课我尝试了一题多解和转换题目条件的教学策略，拓展了学生的思路，提高了他们的学习兴趣。 3. 我适当加入了一些奖励机制，比如加分、发小奖品，调动了学生的积极性。	

续表

在本周中我感到最自豪的教学活动	
教学活动描述	**原因分析**
"圆和圆的位置关系"是初中学过但是高中要用解析方法解决的一节课。我想，首先，要改变课程的引入环节，应该加入一个"日全食"的视频，让学生在观看的同时真正理解圆和圆的五种位置关系；其次，应该为学生建立其从"直线与圆的位置关系"的判定方法中得到的有关"圆和圆的位置关系"的几何法和代数法两种判定方法的支架；最后，还要改进分组教学策略，应根据实际情况，仔细调整组内结构。	1. 改变以往单纯靠语言引入的办法，以多媒体视频的方式引入课题，让学生耳目一新，从而提高学生的学习兴趣。 2. 结合"直线和圆的位置关系"讲解"圆和圆的位置关系"，这样能让学生形成类比，从而更容易掌握知识。 3. 改进分组教学模式，调整小组的组内结构，真正做到让所有学生投入学习，从而实现教学要面向全体学生的思想。
作为一名教师，在本周中最让我感到沮丧或焦虑的事情	
虽然我在教学中采用了多种新颖的教学模式，但是基于学生基础差的实际情况，有的学生还是跟不上我的教学节奏，并且本周的教学知识是解析几何，它要求学生必须要有较强的计算能力和良好的逻辑思维能力，而学生所缺少的正是这两种能力，因此如何让学困生真正参与课堂，是我最焦虑的事情。	
在本周的校本研修中我的收获	
本周我学习了教学日志法和教学审计技术，它们对我的教学非常有帮助，让我每节课下来总会有清晰的感悟与较为深入的反思，并且能把自己的不足之处及时记录下来，从而审视自己的教学，并为第二天的教学做出很好的指导。我觉得只要长期坚持下去，我的教学水平一定会有非常大的提高。	

通常每个学期的教学周为 15~16 周，教师在一个学期中可以撰写15~16 篇教学日志，为了进一步提高反思的深度与水平，建议教师在学期末或假期中，在撰写教学日志的基础上做教学审计，也就是做反思的反思。教学审计技术的基础仍然是基于问题的自我对话。我们在综合了国内外教学审计模板和框架的基础上，总结了一个简练有效的教学审计框架，如图 2-2所示。

- 参照过去的一个学期，现在我知道……
- 参照过去的一个学期，现在我能够……
- 参照过去的一个学期，现在我能够教给同事如何去……
- 参照过去的一个学期，我从学生那里学到的最重要的事情是……
- 参照过去的一个学期，我学到关于教学最重要的事情是……
- 参照过去的一个学期，我学到的关于自己的最重要的事情是……
- 参照过去的一个学期，在我原有的教学假定和学习假定中，最能得到确证的是……
- 参照过去的一个学期，在我原有的教学假定和学习假定中，受到最严重的挑战是……

图 2-2　教学审计框架

　　在模块一中，案例 1-1 展示了张老师在学期末运用教学审计技术对一个学期的反思性教学进行总结的例子。表 2-2 展示的是北京 J 中学的邢老师在认真完成了一个学期的教学日志撰写后，归纳出来的自己对教学日志所进行的教学审计结果。

表 2-2　教学审计示例

参照过去的一个学期，现在我知道……
· 反思能够帮助我有效地改进教学行为，获得专业成长。 · 撰写反思日志很辛苦，但是很值得去做。
参照过去的一个学期，现在我能够……
· 习惯性地每周六撰写一份本周的教学日志，能够通过自我对话"质疑"自己以往的经验与观念。 · 在课前精心设计教学活动，在课中运用元认知监控自己的教学行为，在课后记录自己的所思所感。

续表

参照过去的一个学期，现在我能够教给同事如何去……
• 做计划性的课堂观察与课后反思。 • 大家相互展示与交流自己撰写的教学日志及教学审计结果等。
参照过去的一个学期，我从学生那里学到的最重要的事情是……
• 他们的学习需要是我开展教学的起点及最重要的教学设计依据。 • 他们能够自主学习，能够开展合作，能够认真相互评价，能够担负起学习的责任。 • 他们喜欢快乐轻松的学习，喜欢与我平等的对话交流。 • 他们能够看到并感受到我的变化与教学实践上的进步。
参照过去的一个学期，我学到关于教学最重要的事情是……
• 反思性实践与反思性教学，尽管我现在还不能十分全面地理解与阐述，但我认为这是我今后努力和践行的方向。
参照过去的一个学期，我学到的关于自己的最重要的事情是……
• 我能够通过反思，实现自己改变自己，这让我看到了专业发展的曙光。
参照过去的一个学期，在我原有的教学假定和学习假定中，最能得到确证的是……
• 合作学习是可以实现高质高效学习的。
参照过去的一个学期，在我原有的教学假定和学习假定中，受到最严重的挑战是……
• 学生不会认真对待小组间的相互评价。

需要注意的是，在进行教学审计时，因为在校本研修中专业学习的效果和偏好是不同的，因此，每个教师得出的审计结果也会有所不同。

·角色模型法与同伴观察技术·

角色模型法要求将教师自己尊敬和敬仰的一位同事或师长作为角色模型，采用自我对话和分析对比等方法，对自己的教学过程进行再认识与再思考。由于这种方法较容易存在个人差异和偏见，因此在应用此种方法时，可以同时使用一种保障技术，即同伴观察技术。同伴观察技术是在已经建立的角色模型基础上，通过课堂观察等手段对同伴进行指导、互助的一种技术。

角色模型法与同伴观察技术作为一个组合来解决教师自我反思是非常有特色的，下面我们将详细介绍角色模型法与同伴观察技术的运用。

角色模型与教学日志相似，依然有一个框架，首先是怎样选出角色模型；其次是怎样去观察及观察什么。在此给出四个方面作为角色模型框架，如图 2-3 所示。

- 以你的观点，你认为你的老师或周围哪位同事是真正好教师的代表？
- 以你的观点，你在这些人身上所观察到的什么特征令你敬佩？
- 当你考虑这些人如何工作时，他们的哪些行为造成和代表着你认为应该敬佩他们的那些特征？
- 当你思考这些人哪些方面比较突出时，他们的哪种能力，你最愿意借用和整合进自己的教学之中？

图 2-3　角色模型框架

一般来说，除了角色模型法的应用之外，还要配合同伴观察技术一起实施。同伴观察的实施步骤如下。

- 建立同伴关系；
- 向同伴介绍你的角色模型，并与同伴达成共识；
- 邀请同伴进入你的课堂进行实地观察；
- 课后分析——由同伴对照角色模型分析你的教学行为；

•双方协商教学行为改进的途径与方式、方法等，形成新的教学改进方案。

模块一中的案例1-2展示了一个角色模型加同伴观察的自我反思的典型案例。案例1-2中的应老师首先选择了其他学校的名师作为自己的角色模型，而张老师作为与应老师同校的同事，坚持帮助其做同伴观察，从而保证了应老师有效而深入的持续反思。

以教师自我对话为核心的教师自我反思，也会使教师遇到一些困难。因为每位教师都拥有一些思维假定，其中有些假定还是一些根植于教师个人内心深处的关于事物看法的最根本的思维假定（翁秀平，2007）。例如，有位教师在其过去生活或工作中遇到了一些不用功且学业成就水平很低的学生，久而久之，这位教师就会将他观察到的这种现象逐渐模式化、固定化，成为自己的思想和观念，因而，这位教师会坚定地认为，"不用功的学生肯定不会有学业上的成就"。此时，如果这位教师在自我对话时需要突破这种思维假定，可能就会遇到困难，因为"不用功的学生肯定不会有学业上的成就"的观念已经深深扎根于他的思想中，直接影响了其本人的判断，所以在自我对话时，这种思维假定就会不由自主地为原有的观点辩护。当教师在自我反思过程中遇到这些问题时，就会出现自我对话的障碍，此时，建议教师要勇于面对，并且可借用"悬置"的方法，先把问题暂时搁置起来，既不让它发挥作用，也不要刻意压制，可以暂时先不作判断。这种"悬置"的方法往往可以让教师随着时间的推移，在某些课堂关键事件发生时，更清楚地看清问题的实质，一旦突破这种思维假定，思维和认识也必然会产生一个质的飞跃。

◆➤ **方法设计** --

两种反思方法与两种反思技术的重组

除了教学日志方法与教学审计技术的组合，以及角色模型方法与同伴观察技术的组合外，教学日志方法也可以与同伴观察技术进行组合，角色模型方法也可以与教学审计技术进行组合。由此会出现四种比较典型的反思模式，如图 2-4 所示。

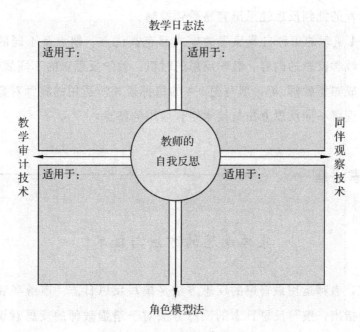

图 2-4 四种典型的自我反思模式

图 2-4 呈现的四种典型的自我反思模式存在着不同的优点和缺点。"教学日志法＋教学审计技术"模式，即图左上角所示，其优点是：以教学日志

作为点，以教学审计作为面，点面结合，系统性强；其缺点是：教学日志和教学审计都是由反思者本人完成的，比较容易出现个人的偏见。图右上角所示的"教学日志法＋同伴观察技术"模式，其优点是：以教学日志作为内部自我对话，以同伴观察作为外部对话，内外对话相结合，可以有效地纠正个人偏见；其缺点是：同伴观察的不确定性可能会导致自我反思缺乏系统性。图左下角所示的"角色模型法＋教学审计技术"模式，其优点是：有清晰的目标、反思系统性强；其缺点是：角色模型的单一往往会导致自我反思的局限性增强，反思者的批判反思性思维也容易受到抑制。图右下角所示的"角色模型法＋同伴观察技术"模式，其优点是：内部自我对话与外部对话相结合，有利于激活教师的缄默性知识，并使其显性化；其缺点是：反思者的批判反思性思维容易受到抑制。

　　图 2-4 呈现的每种自我反思的模式都有其优点、缺点及不同的适用对象。根据教学反思的内容、教学反思的时机、教学反思者的不同属性（如新手教师、成熟型教师）等，填写图 2-4 的每种模式所适用的教师对象，并深入思考、理解不同反思方法与技术组合应用的特点。

◆ 专家讲座 --

集体反思的方法与技术

　　目前，教师运用最普遍的反思方法是撰写反思日志。申继亮和张彩云等（2006）指出，撰写反思日志的反思方法对于增强教师的反思意识、提高其自身的教学水平等起到了积极的作用。然而，也有研究者发现，受写作能力的限制，以及缺乏交流的自我对话等因素的影响，教师在撰写反思日志时不仅要花费大量的时间，而且在缺乏外部对话与引领的情况下，撰写反思日志也会流于一种形式，失去了反思的意义与作用，为此，95.5% 的教师渴望交流和对话(张彩云等，2006)。

　　事实上，在教师开展反思的过程中，仅有教师的自我反思是不够的。教师反思行为的方式可以是多种多样的。如果教师的反思行为是个体性的，那么，教师可以通过回忆自己以往的教学活动，总结自己的教学得失，思考适合学生的教学策略等方式进行深入的反思。如果教师的反思行为是集体性的，则可以通过教师群体之间的自由讨论、教研组活动、年级组会议等形式开展，也可以在与校外组织的合作研修活动中开展。总之，反思的形式是多种多样的，既包括口头形式的相互讨论、对话、交流等，也包括书面形式的日记、笔记、教学日志等。

·理论基础·

　　教师只有经常审视和反思自己的教育教学活动，通过不间断的自我对话与外部对话，才能不断地从经验中学习，建构个人知识，提升实践智慧，进而促进自身的专业发展。

　　集体反思是一种基于反思性对话的社会交流。集体反思是指反思者与外部进行持续而系统的专业对话，并逐渐形成反思共同体的反思活动。这里的反思者指的是在集体反思中做个人反思的那位教师，而外部则是指同侪、同事或者同伴。反思者是集体反思的焦点人物和核心。

　　沃茨(Wertsch，1998)把社会交流分为两类：单音性(univocality)交流与多音性(multivocality)交流。单音性交流是由同一视角支配的交流，相当于信息的单向传递；而多音性交流是由多种视角主导的沟通，允许各种视角下的变动性、异质性以及冲突的存在。集体反思的反思性对话就属于多音性交流，因此它既有信息的传递功能，也会产生信息的生成与创新(马佳和陈向明，2011)。

　　集体反思的反思性对话区别于一般性对话，它在所指的向度上，既可以指向过去，即教师群体可以聚焦某个问题，对过去的教学历程、事件等进行回顾与思考，也可以指向对未来的可能性的探讨，得出问题的解决方案。参与集体反思的教师群体可以利用各自的视角差异，突破个人思维与视角的"瓶颈"，为解决教与学的问题打开一片更宽阔的视界。集体反思的对话与交流是一种发生于群体双方之间的反思性对话，它着眼于挑战自身的教育教学实践，通过在对话中不断叩问教育教学事件，发掘教育事件背后的个人假设和教育理论，是个人隐性知识明朗化的过程，在这个过程中，教师自主发现解决问题的办法，最终能够发展实践性知识，促进自身专业成长（申继亮和张彩云，2006）。

教师的反思不能仅仅在一个封闭的系统中实施与进行，而是需要在一个能与外界进行充分交流的开放的社会系统中与自己的同事、学生、领导，甚至家长等进行交流与对话，唯有如此，才能有效地进行反思。

·集体反思会面临的问题·

教师的集体反思能够成功进行的首要条件是需要在教师之间建立起一种平等、信任的对话环境。教师之间的集体对话既可以在两三个教师之间发生，也可以在年级组、教研组或者是任教同一个班级的教师之间进行。由于教师在教研组中往往需要进行集体备课，所以教师在教研组中的对话也往往是针对教学问题展开的对话；而任教同一个班的教师之间的对话，则往往会是针对班中学生的学习状况展开的对策类商讨的对话等。

集体反思的反思性对话对于校本研修是十分重要的。然而，在实践中要顺利地启动、提高参与者之间的反思性对话，并不是一件容易的事情，很可能遇到很多阻碍。我们通过文献检索和自身的研究经验总结了四个方面的问题，如表 2-3 所示。

表 2-3 集体反思会面临的问题与原因分析

面临的阻碍性问题	原因分析
教师的防御	• 缺乏平等、安全、相互信任的对话氛围 • 存在不平等的权力关系 • 教师交流文化的影响
权力部门的缺席	• 缺乏对话的支持条件,如时间、空间、资金、物质条件的支持 • 组织者缺乏领导力或相应的权力
对话表达质量低	• 不能用专业术语表达专业思想 • 不能聚焦于焦点问题做深入分析
无效的引导与倾听	• 缺乏交流的基本技能 • 缺乏有效的交流技术

从表 2-3 可以看出,克服这些阻碍性问题除了应该有制度性的保障外,还可以通过必要的方法与技术去支持集体反思。一些教师教育研究者倡导教师在开展集体反思对话时使用"同伴指导法",即教师同伴之间在系统的课堂观察方法与技术的支持下,共同阅读与讨论,讲出课堂中和课堂背后的故事,开展示范教学和课例研究等,从而在教师群体中形成新的教学改进方案的过程(翁秀平,2007)。在此,我们向读者介绍一种简单易行的、基于头脑风暴法的集体反思的方法与技术。

·集体反思的方法与技术·

头脑风暴法(brainstorming)是由现代创造学的创始人、美国学者阿历克斯·奥斯本(Alex Faickney Osborm)于 1938 年提出的。头脑风暴法的特点是以会议的形式召集一个小组的相关人员,让与会者敞开思想,使各种设想在相互碰撞中激起脑海中的创造性风暴。头脑风暴法可以分为"直接头脑风暴法"和"质疑头脑风暴法",也可以称之为"正向头脑风暴法"和"反向头脑风暴法"。

正向头脑风暴法是在专家群体决策基础上尽可能激发创造性，产生尽可能多的设想的方法。该种方法在实施时，每一位发言人不得否认前一位发言人的观点，且必须找出更多支持前一位发言人观点的依据。因而，正向头脑风暴法具有突出的发散性特征。

反向头脑风暴法则是对前者提出的设想、方案提出逐一质疑，是一种集体开发创造性思维的方法。在实施反向头脑风暴法时，每一位发言人都必须质疑前一位发言人的观点，采用质疑、反驳等方法进行观点交锋。因而，反向头脑风暴法具有突出的收敛性特征。

头脑风暴法力图通过一定的讨论程序与规则来保证创造性讨论的有效性，由此，讨论程序构成了头脑风暴法能否有效实施的关键因素。从讨论程序来说，组织头脑风暴法的关键在于以下几个环节：确定议题、会前准备、确定人选、明确分工、规定纪律和掌握时间等。

申继亮等学者指出，反思性对话一般具有问题性、自主性和建构性的特点，反思性对话的过程可以分为描述、澄清、面质和重构四个步骤（申继亮和张彩云，2006）。我们把头脑风暴法引入到教师集体反思中，并对原有的方法与反思性对话的特点进行了改造、改进以及整合，生成了一种行之有效的集体反思方法。

·集体反思的步骤·

步骤一：会前准备，课堂观察。

①召集校本研修团队成员按照《课堂观察方法与技术》一书所介绍的课堂观察流程，对校本研修团队中某位成员的现场课进行课堂观察。若被观察对象是大家都比较陌生的教师，建议选择开放式观察方法；若被观察对象是大家比较熟悉的教师，则可以采用聚焦式观察与结构观察相结合的方

法进行课堂观察。

②课堂观察也可以借助录音、录像设备将被观察者的课堂活动进行实时采集后，在校本研修团队中采用课堂录像观察而非现场课观察的方法进行。

步骤二：确定议题，明确分工。

①一个好的集体反思一定要从对问题的准确阐明开始。因此，必须在召开集体反思会前，依据课堂观察的结果确定一个会议议题，以便与会者明确这次集体反思会需要解决什么问题。一般而言，比较具体的议题能使与会者较快地产生设想，主持人也较容易掌握；比较抽象和宏观的议题往往引发设想的时间较长，但设想的创造性也可能会比较强。

②在召开集体反思会前，需要对与会者进行分工：明确一位教师担任会议主持人、一位教师担任记录员、一位教师担任时间控制员。

步骤三：第一轮头脑风暴——正向头脑风暴。

①若参与集体反思会的教师彼此都十分熟悉，则可以由会议主持人直接召开会议；反之，则需要由主持人邀请各位与会者一一做自我介绍，在这里，除了介绍姓名等个人信息外，还要重点说明教师的属性，比如学科、教龄等，使与会者彼此有一定的了解。

②主持人宣布议题、分工与纪律。

③主持人向被观察者依次提问，提问框架如下：

- 您认为这节课中自己最满意的地方是什么，为什么？
- 您认为这节课中自己最不满意的地方是什么，为什么？
- 假如让您再重新上一次这节课，您认为自己会改变哪些内容或方法，为什么？

④被观察者依次回答主持人的提问，参与者旁听并记录。

⑤参与者逐一采用正向头脑风暴法，就主持人提问框架中的三个问题，以第三方视角对被观察者的课堂教学发表评论。

⑥主持人对正向头脑风暴法的结果做总结。

步骤四：第二轮头脑风暴——反向头脑风暴。

①参与者逐一采用反向头脑风暴法，就主持人提问框架中的三个问题，以第三方视角对被观察者的课堂教学发表评论。

②主持人对反向头脑风暴的结果做总结。

③自由交谈对话。

步骤五：会后设想处理，撰写报告。

①通常在集体反思会的次日，需要就前一天集体反思会上大家提出的各种设想进行认真的筛选与处理，形成新的问题解决方案。

②设想处理的方式一般有两种：①专家评审，可聘请有关专家及集体反思会的部分与会代表（通常5人左右为宜）承担评审工作；②二次会议评审，即由集体反思会的全体参与者共同举行第二次会议，集体进行设想的评价处理工作。

另外，特别需要注意的一点是，在真正实施集体反思会时，往往会因为时间、场地等因素的干扰与限制，上述五个步骤需要主持人灵活掌握并进行适当的调整。

◆➤ **方法设计** -

集体反思的要素设计练习

在模块一的案例1-3中，我们以一次真实的课后集体反思会向大家展示了集体反思会的设计、操作步骤及要素。在案例 1-3 中，可以看到反思者，即焦点教师与主持人通过对话，实现了自我反思，之后在同行点评以及专家点评等一系列集体对话活动中，校本研修团队的教师及助学者们与焦点教师一起对所观察的课堂教学进行了全方位、多角度的剖析与诊断。案例 1-3 反映出集体反思能够在教师教育、教学培训和自我教学行为改进之间建立起有效的联系，使集体智慧与个人成长有效结合，共同推进教师的专业发展。

请再次认真阅读模块一的案例 1-3 及模块二的专家讲座"集体反思的方法与技术"，然后填写表 2-4，对集体反思的要素进行剖析与理解。

表 2-4　集体反思要素分析表

分析主题	分析结果
您认为成功的集体反思必须具备哪些要素？	
您认为案例 1-3 所呈现的集体反思的焦点都有哪些，其过程有何特点？	
假如您作为主持人主持一场集体教学反思会，您认为自己会采纳案例 1-3 中的哪些做法？	

表 2-4 与表 1-11 是同一张表格，在此，我们希望您用图 2-5 的维恩图对所填写的两张表格做一次对比分析，从而对集体反思要素做一次反思。

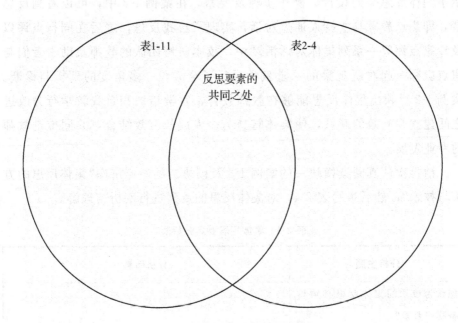

图 2-5　集体反思要素的反思

如果您作为集体反思会的主持人，请您在认真思考后，填写表 2-5，写出您认为在召开集体反思会时最值得注意的五个注意事项，并简述其原因。

表 2-5　集体反思会主持人的注意事项

注意事项	简述原因
1.	
2.	

续表

注意事项	简述原因
3.	
4.	
5.	

　　建议以所在学校的校本研修团队为单位，按照集体反思的步骤与流程，召开一次课后集体反思会，以开展体验性学习。

 对比分析 -

自我反思与集体反思

　　反思是一种对话。当反思者进行自我内部对话时，反思是一种反思者的个人活动；而当反思者与外部进行持续而系统的对话时，一个反思活动的共同体就会逐渐形成，此时，反思活动是一种社会性和公共性的活动。对前者所呈现的反思形式，我们将其称为自我反思；而后者所呈现的反思形式，则被称为集体反思。通过前面所述的反思案例及专家讲座等内容，希望您再次针对"自我反思与集体反思"的特点，从对话形式、反思活动、方法与技术、作用与意义四个维度做一个更为深入的对比分析。

表 2-6　自我反思与集体反思的对比分析表

对比维度	自我反思	集体反思
对话形式		
反思活动		
方法与技术		
作用与意义		

模块三 掌握基于课堂关键事件的
教学反思方法与技术

建议时间：8 小时

说明

　　本模块从引导阅读观摩案例出发，帮助您理解课堂关键事件的基本概念及其作用与意义；并在此基础上，介绍实现课堂关键事件叙事的四种典型方法与技术——回忆与描述关键情境的方法与技术、发现重要信息产生关键事件的方法与技术、面对问题进行关键抉择的方法与技术、重新建构实现关键改进的方法与技术

核心概念

　　课堂关键事件　关键情境　重要信息　关键抉择　关键改进　校本研修

活动	主要作品	
专家讲座	表 3-1	案例 3-1 的分析表
案例研读	表 3-3	基于课堂关键事件叙事的校本研修与普通校本研修的对比分析表
案例分析		
对比分析		
方法设计	表 3-12	课堂关键事件叙事案例分析表
	表 3-13	课堂关键事件叙事表

◆➡ **学习导入** ---

　　教学反思对于教师的专业发展是至关重要的。有学者指出，教师成长的第一步在于教师自身的反思、教师自身的评价和教师自身的自我改造。因而，培养教师的教学反思能力是教师培训与教师专业学习中的核心问题。掌握教学反思的方法与技术的最终目的是促进教师运用反思，在教学实践的行动前、行动中、行动后进行有效的学习，促进教学行为的改进和教师实践性知识的增长。

　　然而，培养教师的反思能力是十分困难的。首先，教师往往会更倾向于学习特定的知识而非一般性的技巧，因此，在校本研修中培养教师反思能力时，最重要的是帮助教师确定要对哪些特定问题进行反思，而不仅仅在于培训教师掌握多种教学反思的技巧；其次，反思具有显著的回顾性，反思经常是一个反复的过程，人们只有在了解了特定的工作背景后才能详细地考虑问题，因此，在校本研修中为了发展教师的反思能力，需要为教师提供特定的案例来进行思考，以帮助教师抓住反思的机会，对那些关键性假设进行深入的反思，避免反思被程式化为"所有参与者参与的一种模式化的、注重进行外在反思的社会性实践"（林晓东等，2005）；最后，反思起源于反思者在直接经验情境中所产生的怀疑与困惑，故反思会引起有目的的探究和解决问题的行动，在校本研修中应促进教师将反思的结果及时作用于新形成的教学方案中，引发教师的教学行为改进。

　　为了解决上述三个在培养教师反思能力时会遇到的困难，在经过理论探讨及长期的校本研修实践后，本模块将向您介绍一种有效培养教师反思能力的方法与技术——基于课堂关键事件叙事的方法与技术。

➡ **案例研读** -

案例 3-1 　 张莉莉老师的"独门秘籍"

本案例改编自 2010 年第二期《中学数学》(高中版)中刊登的《"1.8 米以上的女生"能构成集合吗?》一文,作者系江苏省丰县教研室王纯旭老师。本案例的主人公是一名具有三年教龄的高中数学教师,化名张莉莉。张老师虽然是一名数学教师,但她酷爱写作,平时非常善于观察与思考,经常将自己在教学生活中遇到的点点滴滴记录下来,并写成故事在网上与同行们分享交流。本案例记录的是她亲身经历的课堂中的真实事件。

我一直将"学生是课堂的主角"作为我教学的指航灯,而且我也一直自认为在这方面做得很好。但是当我经历了下面记录的这件小事后才发现,以学生为中心,让学生做学习的主人,在教学实践中并不那么简单。

本学期的第一节数学课是讲集合的概念。在整节课中师生互动非常好,学生的学习积极性很高,回答问题踊跃,我也及时地给出回应和解答,但是,在临近下课时却出现了一个使我至今仍记忆犹新的小插曲。

为了在课程进行到最后部分时帮助学生再巩固一下集合的概念,我出示了一道练习题:"'高个子的人'能构成集合吗?"学生们齐声答道:"不能!"我追问道:"能说一下原因吗?"有的学生说:"因为它没有一个确定的范围和对象。"也有的学生说:"因为高个子是不确定的。"

我仔细听着学生们的回答，并观察他们的反应。学生们的回答显得有些凌乱，座位靠墙角的一个学生小声地问他的同桌："这是为什么呀?"……

由于我当时发现有一部分学生对这个问题存有疑问，而有些学生可能对"高个子的人"的概念认识比较模糊，于是我即兴又出了一道拓展练习题。我问学生："大家请注意，那么'某班1.8米以上的女生'能构成集合吗？比如我们班，现在我把题目改为：'我们班1.8米以上的女生，能构成集合吗?'"

我的话音刚落，王红就抢着回答道："不能!"王红是一个非常积极的学生，成绩也不错，敢于发表自己的看法，很有思想。

我回应她："哦？'我们班1.8米以上的女生'可是个确切的概念，符合集合的定义，你为什么认为不能构成集合呢？"

听到我这样的回应，王红旁边的学生一个劲儿地拉她，小声提示她说："你错了，不对不对。"此时王红好像也觉得自己错了，欲言又止，低下了头，不再说话。

我又一次向全班学生提出问题："那么大家说说'我们班1.8米以上的女生'能否构成集合呢？"

这次全班学生响亮地回答："能!"

此时，由于离下课时间已经很近了，我还没有进行课堂总结和布置作业，于是就匆匆结束了这道题的讨论。

下课后，我发现几个学生围在王红的周围，仍然继续着这一问题的讨论，而且争辩不休。于是，我走上前去。

王红看到我走过来，不服气地说："老师，我们班没有1.8米以上的女生，怎么能构成集合呢？没有元素能构成集合吗？"

这时，我才恍然大悟，我没想到我即兴提出的拓展问题牵扯到空集的概念，而学生还没有学习这一内容，自然会出现疑问。我脑海里忽然浮现出刚才王红在课上欲言又止的神情。我接着问她："那你刚才为什么不在课上提出你的疑问呢？"

王红说："大家都说我的答案是错的，再解释多不好意思啊！"

王红的回答大大出乎我的意料。

其实，课堂上的那个提问是我发现有些学生对"高个子的人"有模糊的认识才即兴提出的，没有考虑到我们班的实际情况；而空集又是他们没有学过的概念，也没有考虑到学生学习的实际情况。再则，当时又临近下课，见王红不太愿意说，我也就草草进入了下一个教学环节。

王红在课堂上的回答让我简单地以为她还没有掌握好集合的定义，没想到她考虑的是班级中根本不存在"1.8米以上的女生"这一实际情况。我想，如果我当时在课上能够对欲言又止的王红做进一步的询问，不仅可以很好地利用学生的疑问来拓展有关集合中的空集概念，而且还可以抓住一次培养与鼓励学生质疑探究精神的教育机会……可当时在课上我为什么没有想到呢？为什么我在课上没有关注学生真实的学习感受呢？为什么像王红这样平时积极发言的学生在那节课上不敢于坚持说明自己的想法？

我继而深思，如果在那节课中，我能运用激励性的语言，鼓励学生说出自己的想法，而不是提前对学生的回答进行对错判断，也许就能使学生敢于说出自己对问题的见解，从而践行让学生成为课堂的主人的教育教学理念。

通过对课堂中这一事件的回顾，我感触颇深，非常想把我的感受与同行分享。于是，我撰写了这篇叙事故事，并上传到我的博客上。

很快，同行们就回帖了，他们纷纷发表了自己的看法。

李老师回帖说：

张老师，您好！您讲的这个课堂事件很有代表性，我以为这就是我们课堂生成性的表现。教师确实应该在教学过程中密切关注学生的兴趣与学习状况，并能根据学情和课堂环境等对原有的教学程序进行调整，进而灵活地据情施教，以达到教与学的优化。在这节课中，您在学生回答"高个子"问题后，并没有因为被提问学生回答正确而终止对问题的探讨，而是根据观察到部分学生仍有疑问的现象，生成了"1.8米以上女生"的问题，表明您还是关注到了学生的学情，初衷是对的，只是对学情的把握，还应该注意适当、适度和适时的原则。

王老师也在回帖中说：

张老师，其实"将错就错"也是一种好的处理课堂生成性的办法，如果您在本节课中提出"1.8米以上的女生"这个问题，发现学生有困惑后，将其改为"1.5米"以上，就不存在空集的概念了，也许学生就能做出正确的回答。然后可以将"1.8米以上的女生"这一问题作为课后思考题提出来，这样既能解决问题，也可以为下面课程中的"空集"概念埋下伏笔。既能唤起不同层次学生的学习兴趣和主体意识，又激活了学生的思维，一举多得。当然这也要求教师能够切准学生思维的兴奋点和生长点，善于将其转化为新的学习问题，用学生自己的错误为学习增值。

看到同行们的意见和建议后，我也及时进行了回复：

没有想到，我把自己所经历的课堂事件发布出来后，

竟然会有这么多同行给我提出宝贵的意见和建议，让我得
到了更多的启发。

一直对我的课堂教学进行指导的专家杨教授在网上读了我撰写
的课堂事件后，也给我回帖写道：

> 张老师，您能够把课堂事件的真实情境和您对课堂事
件的反思清晰地向大家讲述出来，促进了同行教师与您的
沟通和交流，促进了教师的实践性知识的共享，这是一种
有效促进教师专业化发展的方法，叫作"课堂关键事件叙事
研究方法"。希望您能坚持做下去，并期望其他老师也一起
加入这一研究行列。

这就是我要给大家介绍的"独门秘籍"。我觉得作为一名教师，
只有从课堂中的小事件着手，聚焦课堂中的关键事件，有的放矢地
研究教学中出现的问题，深入反思，共同探讨，不断改进教学行为，
改善教学效果，才会逐步积累教学生涯中的宝贵财富，最终成长为
一名高专业化水平的好老师。

◆ **案例分析** --

课堂关键事件叙事的作用与意义

请您在认真研读案例 3-1 后填写表 3-1，并从本案例中的关键事件叙事
的作用与意义、实施步骤及教学改进建议三个维度分析案例 3-1。

表 3-1　案例 3-1 的分析表

分析主题	分析结果
请评论张老师所叙述的课堂关键事件对教师专业学习与发展的作用和意义。	
张老师就课堂关键事件所做的反思可以划分为几个重要的步骤。	
请针对案例 3-1 所叙述的课堂关键事件，简单陈述您给张老师提出的教学改进方案。	

 专家讲座 --

课堂关键事件叙事的理论基础

　　课堂关键事件叙事是以课堂发生的事件作为研究对象，通过叙事的方式还原真实的课堂情境，引发教师间对于课堂关键事件的反思和专业对话，有效培养教师的反思能力，促进教师有效反思的一种方法与技术。

·课堂关键事件·

　　20 世纪 70 年代，英国教师教育专家特里普（Tripp）把"关键事件"（critical incident）的概念引入教育领域（胡庆芳，2010）。英国学者沃克（Walker，R.）于 1976 年在有关教师职业的研究中认为，"关键事件"是指教师个人生活中的重要事件，教师要围绕该事件做关键性决策。我国也有学者提出与之类似的"重要教育片段"的概念，并在区域和校本层面的实践运用中取得初步成效（沈民冈，2006）。美国哥伦比亚大学教育学院林晓东教授等人在相关研究中首次提出"关键教学事件"（instructional-critical-e-vent）的概念（林晓东等，2005）。王文静等学者（2006）认为，关键教学事件是教师日常课堂中发生频率较高的、具有重要性与典型性的教学事件，关键教学事件也往往被称为"课堂关键事件"。

能够被选为关键事件的事件乍看起来可能十分"普通"而非"关键"，只有经过进一步分析才能使之变得关键。因此，关键事件必须具有普遍的意义，能够在宽泛的背景中凸显某种重要性，因此关键事件是创造出来的（胡庆芳，2007）。课堂关键事件既可以是教师经过深入反思分析后创设出来的，也可以是随机生成的，是课堂教学中有意义的师生行为的子集。课堂关键事件具有如下特征（林晓东等，2005；王文静，2006）。

第一，课堂关键事件具有常态教学的特征。

课堂关键事件来源于教师的日常课堂教学，是在教师"日常"课堂教学中发生的事件或面对的冲突、困惑等问题。课堂关键事件这一特征表明，课堂关键事件并非从"研讨课"或"观摩课"中获取，也不是人为"制造"出来的教学事件，而是发生在教师身边的真实的事件。

第二，课堂关键事件具有高频率、非偶发的特征。

课堂关键事件来自于教师日常教学中的高频率事件，是教师在每天的教学生活中都可能遇到的问题，而不是偶发事件。因此，课堂关键事件具有普遍性特征。课堂关键事件是课堂中发生的最普遍、最熟悉的事件，教师针对课堂关键事件可以通过多种不同的视角进行分析，看到事件背后的教育教学问题，从而可以提高解决日常课堂问题的能力。

第三，课堂关键事件具有关键属性特征。

一般来说，一节课中会发生多个事件，但并不是所有的事件都是关键事件。"关键"二字的意义是要从对学生的学习和对教师的教学两个维度考察均具有重要作用，"可有可无"的事件并不能被称为"关键事件"。

第四，课堂关键事件具有典型性和代表性特征。

课堂关键事件代表和体现了教育教学的某些思想、内在的规律，或能反映某些教育教学的原理和策略。从实践层面看，课堂关键事件在不同的背景和视角中又具有代表性。

第五，课堂关键事件具有可存储、可再现、易传播和易访取的特征。

课堂关键事件可以以录像、PPT 故事、Flash 动画等方式呈现，每一个事件的长度一般不超过 10 分钟，具有可存储、可再现，在网络环境下易传播和获取相关信息与数据，易于教师的随机访取等特征。

课堂关键事件既可以按照事件对学生发展的作用进行分类，也可以按照事件发生的频次进行分类，还可以按照事件发生的机制进行分类。

若按照事件对学生发展的作用进行分类，课堂关键事件可以分为正向的或反向的课堂关键事件。具体含义为：正向的课堂关键事件对学生的发展有正面的促进作用，而反向的课堂关键事件对于学生的发展有反面作用。

若按照课堂关键事件发生的频次进行分类，则可以将课堂关键事件分为经常性课堂关键事件与偶发的课堂关键事件。具体含义为：经常性课堂关键事件是指在课堂中经常发生的事件，偶发的课堂关键事件则是指那些在课堂中较少发生的事件。

若按照事件发生的机制对课堂关键事件进行分类，则可以分为随机生成性课堂关键事件与预设性课堂关键事件。其具体含义为：随机生成性课堂关键事件是教师没有预料到的突发事件，而预设性关键事件是由教师预先精心设计的、带有明确的目的性和较强的可控性的事件。

·课堂关键事件叙事·

课堂关键事件叙事是指教师借助叙事的方法与技术，以叙事的方式对自己课堂中所抽取的关键事件或所观察的课堂中抽取出的关键事件，向同侪进行故事性的叙述与描述的过程。

课堂关键事件叙事是一种基于课堂关键事件的教育叙事研究方法。它以课堂中对教与学有较大影响的师生行为作为研究对象，通过叙事的方式还原课堂真实情境，为此，课堂关键事件叙事具有故事性与教育性。课堂关键事件的故事性表现在以故事为核心，还原课堂关键事件的真实微情境，同时为了突出事件的启示意义，课堂关键事件叙事可以采用多种叙事手法，体现丰富的故事情节与感情色彩。课堂关键事件的教育性体现在既对读者具有教育性和富有启示意义，也对叙述者自身具有教育性，促进叙述者自己的深入反思。因此，课堂关键事件叙事中包含多种教育要素。

课堂关键事件叙事一般应包括情境、情节、反思和启示四大要素。其中，情境要素是指课堂关键事件叙事中要明确描述课堂的教学目标或任务、课程的类型（如新课或复习课等）、师生的基本特征和教学整体设计等情境；情节要素是指课堂关键事件叙事中要对真实教学事件中的师生行为、态度、结果等情节进行细节描述；反思要素是指课堂关键事件叙事不仅有课堂关键事件的实录，还必须包括叙述者对关键事件的分析与反思；启示要素是指课堂关键事件叙事中所叙述的教师的所思、所想、所为及对事件的分析结果等对教师的专业发展具有启示意义，蕴含丰富的教师实践性知识。

课堂关键事件叙事运用于教师培训与教师专业学习中具有很多优势。

首先，课堂关键事件叙事可以为教师提供具体情境中的反思问题与内容。课堂关键事件叙事来源于真实课堂中的问题与事件，具有焦点明确与主题鲜明的特点，贴近教师的日常教学生活，使教师备感亲切，能够使教师在研修与培训的过程中变"被动"为"主动",自然而然地结合自身的经验,并通过积极的分析、推论、合作与研讨,积极建构新的理解和经验。

其次,课堂关键事件叙事可以帮助研修教师提升反思深度。斯帕克斯—兰格等人(Sparks-Langer et al.,1990)提出了一个教学反思思维框架,共包括七层模型,如表 3-2 所示。

表 3-2　教学反思分析编码框架

水　平	描　　述
1	没有描述性的语言
2	普通的、外行的描述
3	事件被合适的术语标记
4	用传统的或个人的偏好解释
5	用合理的原则或理论解释
6	用原则/理论解释,并能考虑到背景因素
7	包含对伦理、道德、政治等因素思考的解释

表 3-2 所显示出的不同反思水平框架区分了反思的语言和思想。

第一层,为反思的最低水平,反思者无法用语言描述对教学过程或事件的反思内容及过程;

第二层,反思者能够用简单的话对教学事件做外行的描述;

第三层,反思者能够用教育学的术语对事件进行标记;

第四层,反思者用传统的、具有个人偏好的语言对教学事件进行解释;

第五层,反思者能够用合理的教育原理或原则对教学过程或事件进行解释;

第六层,反思者在进行解释时能考虑到各种背景因素;

第七层,也是反思的最高水平,其反思已经达到了批判性反思水平,反思者能够考虑道德、伦理、政治等因素对教学过程或事件给予评论和评价。

由此可见，如果没有课堂关键事件的支撑，教师的反思就难以上升到后四层的高层教学反思水平上（王陆，2012）。

最后，课堂关键事件叙事可以引发教师的教学行为改进。课堂关键事件的重要意义在于其可以引发教师的自我澄清过程，即包括教师个人教育观念在内的教师专业结构的解构与重构（白益民，2002）。为此，在课堂关键事件叙事中，教师把课堂微情境作为有意识的研究场所，通过叙述的形式，阐述与研讨课堂关键事件过程与课堂关键事件背后的原因与意义，促进教师实践性知识的外化与社会化，达到实践性知识共享与传播的目的，进而产生教师教学行为的改进。

·基于课堂关键事件叙事的校本研修·

教师专业发展的过程不是一蹴而就的，而是需要经历一个较长的、渐进的发展周期。在教师专业发展的过程中，教师并非能够从专业生活经历的时时、事事中发现对自身专业发展的意义，只有课堂专业生活的某些特定事件以及特定时期和特定人物，才能对教师专业发展产生重大影响，其中课堂关键事件最具意义（白益民，2002）。

课堂关键事件叙事所支持的校本研修遵循约翰·杜威（1897）所说的"将教育视为一个持续重建经验的过程，这个过程与教育目标是一体的"价值观。

教师在经过教学实践后，会逐步积累起属于自己的教与学的经验。而经验学习理论（experiential learning theory）认为，学习是一个整体顺应的过程，它不仅包含认知的结果，还涉及一个人思考、感觉、感知和行动的综合能力，包括科学的方法、解决问题、决策制定和创造力等专业顺应模型。经验学习理论还明确指出，学习是一个过程而不是一个结果，所有的学习都是再学习（Kolb & Kolb，2008）。教师在基于课堂关键事件叙事的校本研修过程中，可使其教育信念和想法接受检查、测试，并与新颖的、更细致的想法相整合；这种研修学习需要解决与外界相违背的模式，适应与外界之间的矛盾，且矛盾、差异和分歧会进一步驱动学习与研修过程的发生；在这种校本研修过程中，学习者不间断地经历着反思冲突模式，其行动、感知、思考与分析会在一个循环往复的过程中反复交织，如图 3-1 所示。

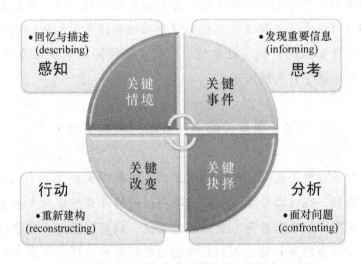

图 3-1　基于课堂关键事件叙事的教师专业发展循环

图 3-1 表明，基于课堂关键事件叙事的教师专业发展循环是一个经验学习圈。基于课堂关键事件叙事的校本研修过程共分为以下四个阶段。

①回忆与描述，在该阶段中，教师对自己教学活动中的关键情境进行回忆，并根据回忆的结果对教学过程中的某个片段或事件的教学效果进行描述；

②发现重要信息，在该阶段中，教师会根据其对关键情境的回忆与描述，对自己教学活动组织与实施的过程进行深入持续的思考、反思与评价，从而发现重要的信息，形成关键事件；在这一阶段中，教师的反思可能是自我对话型的，也可能是与其他教师共同讨论和交流形式的，该阶段的主

要特点是教师通过反思区分出关键情境中有效与无效的信息，并进行自我分析或小组讨论，为发现教学中存在的问题和需要改进的方面奠定基础（张学民等，2009）；

③面对问题，在该阶段中，教师会根据发现的关键事件确定焦点问题，寻找产生问题的原因，同时对问题的原因进行深入的分析与思考，并对解决问题的方法与途径等做出关键抉择；

④重新建构，指教师在此阶段中重新建构解决问题的方法和途径，在该阶段中，教师会根据焦点问题产生的原因及所做出的关键抉择，形成解决问题的方案，并最终通过实践行动，实现关键性改进（Smith & Hatton，1993）。

基于课堂关键事件叙事的校本研修也是教师个体与环境协同交互作用的一个过程。在这个过程中，教师个体的稳定并持久的个人学习模式是由教师个人和他所处环境的持续性相互作用引起的。教师处理所有新经验的可能性方式决定了他们所能预见到的选择和决定的范围。而教师的选择和决定在一定程度上决定着教师曾经经历过的课堂关键事件，这些事件会影响到教师未来的选择。因此，在校本研修时，我们可以通过对教师实际经历的课堂关键事件做出选择与预测来促进教师新的教学行为的发生，创造教师新的专业生活。

基于课堂关键事件叙事的教师专业学习还是知识再创造的过程。经验学习理论提出了一个建构学习的理论，在这个理论中，社会知识被创造和再创造于学习者的个人知识结构中，学习者会通过转换经验来实现知识再创建的过程。

◈▶ 对比分析 ---

基于课堂关键事件叙事的校本研修与普通校本研修

　　校本研修，是指以中小学学校为教师研修主阵地，中小学教师根据自身的专业发展需要，以研究为途径，以专业素养修炼的进步为目标，以校本学习团队为基本组织形式，以解决校本教学实践中的实际问题为核心活动，促进教师专业发展的一种教师继续教育的形式。校本研修具有如下突出特点：①其研修的基地体现"以校为本"的特点；②其研修的对象是校本教与学的实际问题；③其研修的途径是通过研究提高专业修养，获得专业发展；④其研修的形式是团队学习。

　　基于课堂关键事件叙事的校本研修在国内外都已经产生了成功的案例。其中，在我国起步比较早的是上海市长宁区自 2004 年在校本教研制度建设基地开始的基于"关键教育事件"教师教育的大规模行动研究（沈民冈和汪泠淞，2010）。

　　请您在学习了上述专家讲座后，阅读文献《基于"关键教育事件"教师教育的行动研究综述》（沈民冈和汪泠淞，2010）及自己所经历过的校本研修，并认真填写表 3-3，对比分析基于课堂关键事件叙事的校本研修与普通校本研修的联系和区别。

表 3-3 基于课堂关键事件叙事的校本研修与普通校本研修的对比分析表

对比维度	普通校本研修	基于课堂关键事件叙事的校本研修
开展校本研修的手段		
开展校本研修的途径		
对教学改进的影响力		

◆ 专家讲座 --

课堂关键事件叙事的方法与技术

　　教师要从课堂关键事件中获得专业发展，必须经过感知课堂关键情境、思考课堂关键事件、分析面对的问题及重新建构行动的多重循环后，才能实现教师专业发展的目标。

　　课堂关键事件叙事，往往以个案的方式展开，是一种教师从事实践性研究的最好方法，其方法与技术的核心就是讲出一个个"真实的故事"。这种故事的叙述，不仅需要关注教育中的"理"与"逻辑"，而且还需要关注教育中的"事"与"情节"。课堂关键事件叙事将教师日常的教学经验组织成有价值的结构事件，串成有现实意义的链条，从而为看似平凡普通、单调重复的活动赋予独特的体验和韵味。教师所叙述的课堂关键事件故事，就是对这些富有价值的教育事件和具有意义的教学活动的描述与揭示。

·回忆与描述关键情境的方法与技术·

回忆与描述关键事件中的关键情境是基于课堂关键事件叙事的教师专业发展循环与教师经验学习圈中的起点，而且也是基于课堂关键事件叙事的教师专业发展循环的第一步。

迄今为止，人们对情境（situation）还没有一个确切的定义。"情境"最早由美国社会学家托马斯与兹纳涅茨基（Thomas & Znaniecki）合著的《身处欧美的波兰农民》一书中提出，后来德国心理学家莱温（Levin）在其物理—心理场的理论中进一步研究了心理环境问题，并用公式对行为与情境的关系进行了表述：

$$B=(P, E)$$

其中，B 表示行为，P 表示个体，E 表示情境。这一公式表明，不同个体在不同的情境中会产生不同的行为。当个体不变时，情境会产生行为的变化；当情境不变时，个体的变化也会产生行为的变化。行为的变化是个体与情境两个变量的函数。

情境是指在一定时间内各种情况的相对的或结合的境况。在教与学的过程中，师生之间发生的互动从本质上说并非是一个由"信息""通道""噪声""反馈"等因素组成的"机械过程"，其实质是人与人之间，即主体与主体之间的"符号互动"。人们在任何自觉行为之前，总有一个审视和考虑的阶段，这个阶段被称为"情境定义"阶段。"情境定义"属于主观活动，但按照上面的公式来说，这种主观活动所产生的结果却是客观的。根据托马斯的观点，人们的情境定义一经确定，相应的客观行为也就随之产生，尤其是一种定义得到社会成员某种程度的认可，或成为社会共同定义后，情况更是如此。因此，人的"情境定义"的过程事实上就是人类"赋予意义"的过程，亦即"符号过程"(Toffler，1996)。

当某些情境不仅涉及人的具体行为，而且影响人的一个阶段，乃至影响人的一生的策略与个体的个性时，这种情境即为关键情境。任何一种情境都可以用五个组成部分来加以分析："物品"，即由天然或人造物体构成的物质背景；"场合"，即行动发生的舞台或地点；"角色"，即主体，指情境中的人；"社会组织系统的场所""概念和信息的来龙去脉"(Toffler，1996)。这五个组成部分可以构成撰写关键事件发生情境的五个重要方面。由此也可以看出，"情境"几乎涉及与人发生关系的整个外部环境或外部世界。

课堂教学是在课堂的情境之下，以教师、学生作为对话的主体，以言语作为主要的交流方式，以人的自由自觉发展为终极取向的教育活动(邱微和张捷，2006)。由于教学活动主要以言语方式进行，语言行为是课堂中主要的教学行为，占所有教学行为的 80% 左右(Flanders，1970)，因此，课堂语言行为提供了整个课堂行为的充足样本，它在很大程度上代表或决定了整堂课的教学行为(王陆和刘菁，2008)。因此，回忆、描述课堂中的师生对话是课堂关键事件情境记录的重要内容，如案例 3-1 所示。

在此，我们结合写作技法，总结了一些常用的课堂关键事件情境的描写技法，如表 3-4 所示。

表 3-4　回忆与描述课堂关键事件情境的技法

方法分类	回忆与描述方法	方法介绍
按叙事主体划分	自我叙事法	课堂关键事件的叙事主体也就是课堂关键事件的主体，即教师以自己的课堂教学活动为蓝本，讲述自己经历的课堂关键教学事件。
	他者叙事法	课堂关键事件叙事主体以他人的课堂教学活动为蓝本，讲述其他教师为主体的课堂关键事件。

方法分类	回忆与描述方法	方法介绍
按叙事时间划分	顺叙法	是最常见和最基本的叙事方法，按照课堂关键事件发生、发展的先后顺序进行叙述，这种叙述过程同事件发展变化的过程基本一致。
	倒叙法	在课堂关键事件叙事中把事件的某个部分，如事件的结果或突出的片段等提到前面叙述，然后按照事实或事件发生、发展的自然顺序进行叙述。
按叙事时间划分	插叙法	在课堂关键事件叙事的过程中中断叙述的主线，插进与之相关的其他事件，然后再继续原来的叙述；所插入的事件应与本课堂关键事件有密切关联，并为主题服务。
按叙事手法划分	白描叙事法	尽量用最精练的、不加渲染的，但重点和对象特征突出的方式还原课堂关键事件的真实情境。
	联想叙事法	在关键事件叙事过程中，由事件的某一情境联想到与课堂关键事件相关的另一个事件。联想叙事法的作用是突出叙事主题，进一步解释和说明课堂关键事件中的师生行为、事件结果等。
	夹叙夹议叙事法	将叙事和议论进行自然而连贯的穿插，写法上灵活多变。作者可以在描述事件情境的同时，对教师或学生的行为、原因、结果等进行分析、解释和评论。
	对比叙事法	在课堂关键事件叙事中插入一个事件，该事件与本课堂关键事件相似或相反，两事件有主宾之分。
	猜想叙事法	在他者叙事的课堂关键事件叙事中，作者常常采用猜想叙事法分析师生当时的心理状态、师生的所思所想等，其作用是引导读者思考，并体现叙事者对课堂关键事件的主观认识。
	间接描写叙事法	通过描写学生的表现，从侧面体现课堂关键事件中教师的教学行为、教学策略的有效性。

尽管表 3-4 所列出的针对课堂关键事件叙事的技法有 11 种之多，但每种描写技法都有其特点和优缺点。

自我叙事法的优点在于：①教师通过自我叙事，反思和挖掘课堂中的自我行为，有利于改进自己的教学行为；②教师对课堂关键事件的自我叙事能引发同行读者的共鸣，特别是教师叙述自己在事件中的想法和感受(内隐或外显形式)，有利于校本研修团队中的专业对话和教师实践性知识共享。

他者叙事法的优点在于：从第三者的角度对事件进行客观真实的描写和分析，更易于从叙述者的专业水平和个人对教学的理解出发，给课堂中看似平凡、普通的课堂事件赋予更加丰富的意义。

顺叙法的优点在于：叙事脉络分明、条理清晰、首尾完整；缺点是：叙述容易显得呆板、枯燥，故在使用时需要注意详略得当。

倒叙法的优点在于：使课堂关键事件的主题突出，能吸引读者眼球。可用于突发的课堂关键事件等超乎寻常结果和有悬念的课堂关键事件的描写。

如果作者能够适当地运用插叙法，则不仅可以丰富叙述内容，还可以使课堂关键事件的主题得到衬托，观点得到更充分的说明。

需要特别说明的是：在课堂关键事件叙事中经常可以将顺叙、倒叙和插叙等技法合并运用，并融为一体，以达到更好的叙事效果。

白描叙事法是课堂关键事件叙事中最基本的方法之一。该方法在课堂关键事件的自我叙事和他者叙事中都常常使用。白描叙事法描写的课堂关键事件举例如下：

> 一天下午的自习课，学生们都在静静地认真自学，只有刘洪同学将头抬得很高，注视着另一个学生。我轻轻地走到那位学生的身边，发现他正在聚精会神地看着一首诗。我轻声地说："可以给老师看看吗？"这位学生很不情愿地将那首

诗给了我，而后两位学生对视了一下，刘洪就趴到了桌子上，自言自语地说："这下可完了，该挨批了。"我一边走到讲台前，一边快速地看了一下诗的内容。这首诗的内容是这样写的："天涯何处无芳草，何必要在五班找，本来数量就不多，况且质量也不好。"我沉思了片刻，便将诗放到了衣兜里，继续观察学生们的自学情况。可刘洪却坐不住了，他时而抬起头偷偷地看我，好像在等待着我的批评；时而又不安地在座位上动来动去的。大概过了十分钟吧，刘洪在看了我几次后，发现我一直无动于衷，他终于安下心来开始写作业了。

这个案例片段采用了白描叙事法，用简单的语言清晰地呈现了事情的发生、发展过程，以及师生行为和表情特征，还原了一段真实的课堂关键事件情节。

联想叙事法一般可以采用插叙或倒叙的方法，常常在教师自叙的课堂关键事件叙事中应用。下面是一个运用联想叙事法进行课堂关键事件叙事的例子：

在"解析几何"复习课上，我讲了一道又一道题，学生们要么只是低头记笔记，要么做出深思状。我面向全班学生大声地反复问道："大家听明白了吗？""还有什么问题吗？"下面传来稀稀拉拉的回应声："嗯！""没有。"显然学生的情绪都没有被激发起来，我也难以从他们的反馈中捕捉到存在的问题，我的脑海中飞速地转动着一个问题："如何调动学生在教学活动中的积极情绪呢？"

我忽然联想到曾经观摩过的一节"立体几何"复习课。虽然立体几何比较难学，但在那节课上，教师把习题讲授的任务交给了几位被同学推选出来的学生代表，让他们做课堂的主角，而教师则成为了课堂的配角，课堂上下积极互动，异常活跃，学生们普遍存在的问题在这节课上得到了很好的解决。

于是，我也立即开始了一节以学生为教学主角的复习课。

这个案例片段采用联想叙事法，通过联想起叙事教师曾经观摩过的一节课的教师教学策略与课堂组织等信息，解释了这节"解析几何"复习课的课堂关键事件中教师所采取的"以学生为主角"的教学策略的原因。

夹叙夹议叙事法在自我叙事和他者叙事中都可以使用。夹叙夹议叙事法在还原课堂关键事件真实情境的同时，还能体现作者对事件的分析与反思。下面就是运用夹叙夹议叙事法撰写的一个课堂关键事件案例的片段：

在复习对数的课堂上，当我讲到对数式与指数式的互化关系时，突然一位男生举起手，提出了一个我备课时没有想到的问题。我当时就觉得这个问题问得很好，为了保护学生的探究心理，我顺势和学生一起探究这个出乎意料的问题。（此处略去详细情节）

最后，我和学生们通过共同探讨圆满地解决了这个问题，取得了探究的成果。由此可见，教师要认真对待学生在课堂上提出的所谓的"出乎意料"的问题，不断鼓励并时刻激发学生对数学的探究热情。试想，如果我把这个出乎我意料的问题敷衍过去，肯定会破坏学生的好奇心和探究欲。教师在课堂上要给学生搭建一个自由发表自己见解和想法的平台。

这个案例片段采用夹叙夹议叙事法，在描写课堂关键事件微情境的同时，对教师在课堂上是否要重视学生所提出的出乎意料的问题进行了分析与反思。

对比叙事法的作用是衬托主要的课堂关键事件。对比叙事法可以采用插叙法或倒叙法，在自我叙事和他者叙事中都可以使用。下面就是一个运用对比叙事法的案例片段：

> 今天我对我校高一重点班的数学课堂进行了观察，我以为我会看到一个学生们活跃积极的互动课堂，然而，我看到的却是一个过于沉闷的课堂。教室里只有教师讲课的声音，以及教师不断重复的"有问题吗？""谁能回答？"几乎每次教师发问后，学生们都没有回音。
>
> 我的脑海里不断思考着产生这一现象的原因："是教师提问的方式和问题类型不合适吗？""是这个班级的风气一直如此吗？""是这个年龄段的学生都具有这样的特点吗？"
>
> 但是就在这周，我在高一年级的普通班中也观察了一节数学课。学生们在课堂上争先恐后、积极踊跃地回答老师的提问，虽然时有回答不正确或不完备的情况，但是在教师的指导、启发与帮助下，问题基本都得到了很好的解决，课堂上师生互动的气氛特别热烈。
>
> 难道重点班的课堂师生互动氛围都是这样的吗？重点班与普通班的课堂互动差异如此之大的原因究竟是什么呢？

这个案例片段采用对比叙事法，通过描写普通班与重点班师生互动的不同氛围，突出了对"重点班师生课堂互动质量"这一课堂关键事件开展进一步研究的重要意义。

猜想叙事法一般用于他者叙事中，这种技法突出了课堂关键事件叙事者对事件的剖析与评论。例如，下面就是一个比较典型的猜想叙事法的案例片段：

> 王老师是一位教学经验丰富的教师，他的课上得非常精彩，他还有很多独特的教学方法。在今天的课上，王老师突然宣布了一条让学生意想不到的新规定：凡是此次单元考试成绩在 90 分以上的学生可以不交作业，70～80 分的学生可以自选作业的一部分提交，70 分以下的学生则必须做基本题并需要选做其他题目。王老师的新规定让全班学生都感到兴奋不已。
>
> 我想，王老师这个规定一定是为了解决班上学生的学习水平差异比较大的问题而实行的一种个性化的教学管理。王老师这样做会不会带来一些问题呢？例如，是否会加大班级中的学习水平差异呢？

显然，这个案例片段采用猜想叙事法，对教师的一种非常规教学行为和结果进行了分析与推断。

有时，在课堂关键事件叙事中，对教学效果等采用间接描写叙事法，往往可以起到运用直接描写叙事所无法替代的效果。例如：

> 我讲解着一道数学竞赛题，听到讲台下和我呼应的声音越来越小。于是，我将目光移向学生，只见有的学生在发愣，一脸困惑地看着我；有的学生盯着黑板若有所思；还有的学生在下边窃窃私语……我的心里立刻凉了半截，意识到我讲的内容学生们几乎都没有理解。

113

这个案例片段采用间接描写叙事法，对一名刚刚走上教师工作岗位的新手教师的教学效果进行了生动的描写。

综上所述，一般在撰写课堂关键事件叙事的作品时，往往需要作者根据叙事的需要，综合选择多种叙事技法，才能达到好的叙事效果。

·发现重要信息产生关键事件的方法与技术·

发现重要信息是基于课堂关键事件叙事的教师专业发展循环中的第二步，是产生关键事件的核心步骤，而且也是教师经验学习圈中非常关键的一步。

特里普（2001）通过对教师的教学事件长达十年的研究，撰写了《教学中的关键事件》（*Critical Incidents in Teaching：Developing Professional Judgement*）一书，提出了创造教学关键事件的五种策略——思维策略、质疑与挑战策略、窘境鉴别策略、个人理论分析策略和思想批判策略。

一、思维策略

特里普提出的思维策略要求教师在判断、分析事件时特别要注意以下六个方面。

①判断事件的属性，即这一关键事件是导致积极影响的正面关键事件，还是导致消极影响的负面关键事件；

②对事件进行识别分类，即忽略意义不大的事件，选择处理那些对教学进程、对学生的教育有较大影响的事件；

③对关键事件进行多维分析，了解事件发生的背景和原因；

④把握事件的特殊性，通过学生个体的表现分析事件的特殊性和影响；

⑤换位思考，能从学生的角度思考问题；

⑥掌握整个事件的因果联系，把各种因素都考虑进去，尽可能对事件

进行深层解读。

　　特里普还特别建议教师要多问问自己"为什么我会这样看待它""我还能怎样对待它""什么是处理它的正确方法"等问题。下面的例子是一名教师运用思维策略创建自己课堂关键事件的过程与方法。

表 3-5　关键事件案例：郭老师巧妙处理课堂中的认知冲突

课堂关键事件叙事案例	思维策略的运用
郭老师是一名刚满五年教龄的高级新手教师。今天他要给学生上一节探究型学习课，重点培养学生用样本频率估计总体频率的数学技能。这节课的关键点是让学生掌握通过制作频率分布表和频率分布直方图，用样本频率估计总体频率的具体方法。	<u>什么是处理这节课的有效方法？</u> 因为探究型学习是学生在主动参与的前提下，根据自己的猜想或假设，在科学理论的指导下，运用科学的方法对问题进行研究，在研究过程中完成知识建构的一种学习方式，所以这节课应该运用探究型学习方式进行教学。探究型学习不仅可以激发学生的求知欲，而且还可以培养学生的批判性思维。
为了支持学生更好地探究，郭老师把这节课安排在计算机机房进行，让每位学生都拥有一台计算机，都能够亲自体验制作频率分布表与频率分布直方图的过程。郭老师布置了清晰的探究学习任务：如何根据频率分布表和频率分布直方图估计总体频率？	<u>为什么我会这样安排学习环境？</u> 因为探究学习强调学生要通过探究活动生成知识，通过亲身活动发现答案，强调高阶思维技巧的训练，如分析、综合和评价等，学习者需要运用多种多样的方式，如图形、图表等组织和分析他们获得的数据，使研究技能与知识掌握统合起来。

课堂关键事件叙事案例	思维策略的运用
探究活动开始十分钟后，郭老师发现大部分学生都基本完成了频率分布表，开始制作频率分布直方图。此时，机房的一个角落里传出了学生的说话声，郭老师循声望去，只见张生与周浩然两名男生在小声地争论着什么，显然，他们的争论也吸引了周围的几名学生，他们也加入了争论。郭老师走过去问道："你们在讨论什么呢？有什么问题吗？"张生立即说道："周浩然把频率分布直方图的纵坐标设成频率，我告诉他是'频率/组距'，他不信。他没好好看书预习。"周浩然说："不是我没预习，我觉得用频率不是更直接、更好吗！"旁边的一个学生对周浩然小声说："教材上说的是用'频率/组距'，教材还能不如你？"周浩然没有答话，但是显然十分不服气。 郭老师听完了几个学生的争论后灵机一动，他对全班学生大声说道："现在有几位同学有了一个争议，就是频率分布直方图的纵坐标到底用'频率/组距'好呢，还是直接使用频率好呢？大家怎么看这个问题？"一名学生马上说："当然是用'频率/组距'了。"郭老师追问道："为什么呢？""我们预习的时候读了教材，上面就是这么说的，这不就是个规定嘛。"班上多数学生都纷纷表示赞同，但仍然有五六名学生表示了不同的意见。周浩然站起来说："既然分析样本数据的目的就是为了研究频率，为什么不直接在纵坐标上使用频率呢，那不是更直观吗！"此时大多数学生都表示反对，其原因几乎都是因为这违背了教材中的规定。这时，有位学生突然提出："咱们少数服从多数吧！"郭老	**我还能怎样对待课堂中的认知冲突？** 在本节课中，班上的学生们就如何选择设定频率分布直方图中的纵坐标产生了认知冲突。虽然持错误观点的学生占少数，但仍然占有一定的比例，为此，教师应该引起重视，并针对这一认知冲突，在冲突消解的同时，能够开展补救教学。因为本节课被设计为一节探究型学习课，所以可以运用探究型学习设计的原则，鼓励学生通过探究活动生成知识，通过亲身活动发现答案。为此，任课教师在学生发生认知冲突后，随即布置了新的探究任务。

课堂关键事件叙事案例	思维策略的运用
师笑着说道："学习知识可不能采用少数服从多数的办法，少数人的观点不见得就是错的，即便是错了，我们也要弄明白为什么错了。我提议，持有不同观点的学生各自按照自己的理解绘制频率分布直方图，绘制完后，我们比较一下再看看。"然后，郭老师就安排持两种不同观点的学生分别把数据分成6～12个组来绘制频率分布直方图。周浩然的任务是将数据分成12个组，然后绘制频率分布直方图。	
学生们接受老师布置的新任务后就开始忙碌起来。只见周浩然面露难色，看着自己的电脑屏幕发呆。一会儿，他翻开书看了看，又开始皱着眉头思考起来。 十多分钟过去了，学生们陆陆续续画完了频率分布直方图。郭老师分别让持两种不同意见的学生向全班展示了结果。学生们发现，以"频率/组距"为纵坐标的学生，按照不同的数据分组所绘制的频率分布直方图的形状差不多；而以频率为纵坐标的学生，不同的数据分组，所绘制的频率分布直方图呈现出较大的差异。周浩然绘制的好几组数据都是空的，他没法进行下去了。这时候郭老师问："大家觉得，频率分布直方图在制作时的纵坐标应该如何表示更好呢？""频率/组距。"学生们几乎异口同声地回答。"为什么呢？"郭老师追问。周浩然站起来说："因为这样可以使频率分布直方图的形状不因分组不同而产生巨大的差异。"学生们都赞同这一观点。郭老师在对周浩然进行肯定	什么是处理这节课的正确方法？ 在这节课中，探究学习活动不仅消解了学生们的认知冲突，而且还培养了他们在分析、综合与评价等方面的高阶思维，实现了探究型学习的目标。

117

课堂关键事件叙事案例	思维策略的运用
后，又向学生们做了比较详细的解释，并不失时机地说："我们学习一项技能，不仅要掌握准确的操作步骤，还应该明白其中的原理，不能简单地用规定来做解释。这样我们才能在知其然的基础上，做到还知其所以然。大家作为高中生，要对教材上的内容和老师所讲的内容，敢于大胆质疑，并通过自己的探究学习活动寻找和建构其答案。这种探究学习过程，对于培养我们的批判性思维是很有帮助的。"	

由此可见，思维策略要求教师在创建课堂关键事件时要能够全面看问题，要具有多视角、多维度进行反思的专业能力。

二、质疑与挑战策略

特里普提出质疑与挑战这一策略的目的，是为了让教师在分析关键事件的问题时，通过不断提出"为什么"来挑战常规的教育教学模式，探究事件发生的更深层次的问题，更清楚地预测事件可能产生的后果，从而更好地解决常态课堂中的教学事件。事实上，不同的观点会导致不同的行动方向。特里普认为，如果人们对某种现象坚持多问几个"为什么"，一直刨根问底，事物的本质就会浮出水面，人们就会看到事物的本来面目；否则只能简单得出"因为它应该是那样的"或"因为它本来就是那样的"两种答案，而不会通过对关键事件的阐述而改变自己的教学行为。

表3-6展示和剖析了一个正确运用质疑与挑战策略发现关键信息、产生课堂关键事件的案例。

表 3-6　关键事件案例：胡老师的无声课堂

课堂关键事件叙事案例	质疑与挑战策略的运用
胡老师是一名刚工作一年的青年数学教师，怀着对教育工作的美好愿望，怀着对信息技术与课程整合的憧憬走上了讲台，走进了信息技术环境下的网络课堂。	为什么要选用信息技术与课程整合？因为这是时代发展的需要，也是青年教师实现教学突破的一条捷径。
面对所任教的初中二年级的学生，胡老师有许多头疼的问题：灵活性高、难度大的题目，有时候一连讲三遍还是有学生听不懂；学生不会灵活运用所学的定理，解题思路打不开；学生知道学习数学的重要性，但并不真正喜欢数学；学生采取死记硬背的方法学习数学；学生害怕平面几何中的证明题……	为什么这个班的学生学习数学会有这么多的难题呢？因为学生水平差异很大。仔细分析学生所面临的难题，发现原因各有不同：有的学生是因为前面的基础知识学得不好；有的学生是数学理解力没有被培养好；有的学生是对数学学习没有兴趣，且失去了学习的信心；还有的学生根本没有掌握数学学习方法。
九月底的一天，胡老师发愁了：后天就要讲"梯形辅助线证明方法"了，这可是教材中的一个大难点啊！怎么讲呢？胡老师很犯愁……哦，有了！前几天在参加校本培训时，不是听王教授介绍了"首师大虚拟学习社区网络教学支撑平台"嘛！王教授说这个网络教学支撑平台对解决个别化学习很有帮助。我为什么不试着利用这个平台呢！也许，它能帮助我解决"梯形辅助线证明方法"这个大难题。 经过一天的苦学，通过自己安装软件，自己摸索，原本对网络不怎么熟悉的胡老师终于掌握了首师大虚拟学习社区的在线网络教师答疑室这一项功能。于是，一个教学设计的雏形出现在胡老师的脑海中。	为什么要选择首师大虚拟学习社区网络教学支撑平台来支持这节数学课？因为所任教的这个班级的学生水平差异太大，且造成每位学生数学学习困难的原因是不同的，教师应该有针对性地因材施教。然而，在班级授课制下，最大的问题就是教师无法采取因人而异的因材施教，而首都师范大学王教授介绍的首师大虚拟学习社区网络教学支撑平台是一种有效支持个别化学习的工具。 为什么在对首师大虚拟学习社区网络教学支撑平台还未全部掌握时就在课堂教学中采用呢？

课堂关键事件叙事案例	质疑与挑战策略的运用
	因为按照教学进度必须马上讲"梯形辅助线"这一比较难的内容了，估计学生们会普遍感觉这节课有很多困难需要教师的个别辅导。
上课时间到了，胡老师走到讲台前大声说："同学们，今天咱们上课时要使用首师大虚拟学习社区网络教学支撑平台。我们学习的内容是梯形辅助线证明方法。有关学习内容和例题等，我已经传到平台中的教师资料里了，请大家自己学习，如果有不懂的问题，可以通过平台上的教师答疑室向我提问，我会一一回答大家提出的问题以支持大家的个别化学习。下面开始上课，请大家不要说话。"话音刚落，教室中便响起了一片敲击键盘的声音……	为什么失去了课堂对话？ 因为我想借助首师大虚拟学习社区网络教学支撑平台，对每位学生存在的疑虑、问题等给予个别化的学习辅导。
由于胡老师只教给学生使用虚拟学习社区中的一个功能，一开始学生们在看了教师提供的材料后，有了不懂的问题，马上就通过网络教师答疑室向胡老师求助。而胡老师也一直埋头苦干，双手在键盘上不停翻飞，拼命打字，回答学生的问题。 然而，由于教室中网络的带宽有限，学生们都在访问同一个数据库，很快，学生们的信息就导致网络堵塞了。 学生们的提问得不到及时的回答，于是，教室中的情景就开始有些乱了……	为什么教室中会出现混乱的局面？ 因为首先是学生没有得到教师的及时指导；其次是教师对虚拟学习社区这个平台的功能掌握得不够，导致教学设计不完善。

续表

课堂关键事件叙事案例	质疑与挑战策略的运用
课堂中的情景一：一位学生由于长时间没有得到胡老师的解答，因此面带焦急地走到讲台前对胡老师说："老师，您怎么还不回答我的问题啊！"胡老师正忙于敲击键盘，没有予以理会。	为什么教师没有理会走到讲台前的这位学生呢？ 因为教师对当时的局面判断不准确，以为只要加快回答学生问题的速度就可以解决问题。
课堂中的情景二：一会儿，又有其他学生也走向讲台。大家开始围住胡老师，七嘴八舌地问胡老师。第一位走上讲台的学生急了，一边敲讲台桌，一边提高了声音说："胡老师，我都提交问题半天了，您怎么还不回答我的问题啊！"胡老师终于抬起了头，挥挥手说："去去去，快回座位去，别说话！还没有轮到你呢！"……	为什么教师对走到讲台前的学生显得很不耐烦？ 因为教师认为课堂中必须有秩序，学生应该坐在座位上，而不应该随便走到讲台前。 为什么会这样？ 因为教师认为讲台是神圣的，是教室中"至高无上"的地位的象征，学生冒犯了这种象征。 为什么会这样？ 因为教师认为自己是学生学习的主宰者，是教室中的主人。
课堂中的情景三：教室中很多学生发现了社区中的聊天室功能，于是开始聊天，聊天内容与教学内容相去甚远……	为什么会有这么多的学生开始做与教学无关的事情？ 因为这节课的教学失败了。 为什么这节课会失败？ 因为教师的教学设计出了问题。 为什么教师的教学设计会出问题？ 因为教师错误地将一种辅助课堂教学的网络教学支撑平台用于代替课堂上的师生对话。

续表

课堂关键事件叙事案例	质疑与挑战策略的运用
	为什么会犯这样的错误？ 因为教师对信息技术与课程整合有一种盲目的崇拜，没有直接面对课堂中的真正问题。

质疑与挑战策略告诉我们，教师在审视一个事件或现象时，要具有刨根问底的精神，要开展头脑风暴式的发问与寻找答案。

三、窘境鉴别策略

教育教学过程涉及许多矛盾，这些矛盾事件常常触及教师的两难窘境。无论教师在教育教学中遇到何种窘境，都要做出判断和决定。基于教师受到的窘境压力，特里普提出了窘境鉴别的途径。他认为，教师要核实产生窘境的情景，通过假设鉴别和确定窘境的表现形式，才能解决隐含的冲突。正确鉴别窘境是创造教学关键事件的有效分析途径之一，其特点主要是通过建立多种假设，使教师能在特定的教学情境下，在不同的窘境、尴尬、困惑和矛盾中更好地做出判断、分析和决定。窘境鉴别意味着教师在矛盾中做出准确判断。不管是否有经验，任何教师都不可能从一开始就准确地平衡所有这些思考。教师在窘境鉴别中，经常要在多种窘境中学会处理教育教学中的各种对立，如儿童身份与学生身份的对立、个体学习与群体学习的对立、个体意识与小组意识的对立等。教师应在对立中寻求平衡，发散思维，在假设中做出正确的鉴别、选择、分析和决定（邓妍妍和程可拉，2009）。

表 3-7 展示了运用窘境鉴别策略发现关键信息、产生课堂关键事件的案例。

表 3-7   关键事件案例：曹老师放下了

课堂关键事件叙事案例	窘境鉴别策略的运用
这是曹老师上的一节生物课，内容是青春期的成长发育。学生对这些内容既好奇，又抗拒。课前就有学生跑来跟曹老师说："老师，这节课别上了，真恶心。""老师，跳过这个内容，讲下一节吧……"曹老师知道这节课的内容也会让自己陷入窘境，所以上课之前已经对如何上好这节课做了充足的准备。可是真正开始上这节课时，曹老师发现实际情况比她想象的还要糟糕。 当曹老师用课件展示出男性与女性的身体结构图时，绝大多数学生都低下头，有的甚至捂上眼睛。面对这样的课堂状况，怎么办？看来，在上课之前，曹老师跟学生们说的正确看待知识的话都是徒劳的，没有起到任何效果。 是继续这样上下去，讲完这节课，还是还有其他更好的办法让学生接受呢？	提出不同的假设： **假设一**：教师听从学生的意见，放弃这节课的教学，然而这样做如何使教师的行为符合教师的职业道德规范，以及课程标准的要求？ **假设二**：教师无视全班学生的抵触情绪，继续上这节课，然而全班学生能够有几个人认真听讲，并且掌握这节课的知识？这样的教学有意义吗？ **假设三**：教师通过其他途径，重新做本来正处于青春期的学生们的思想工作，然而能否让学生们暂时放下思想包袱，放弃世俗偏见呢？
曹老师思考了一会儿，想到了一个办法。她先把课件最小化，然后告诉学生："咱们先不看大屏幕，接下来老师要给你们讲个小故事，大家都觉得今天的课程内容带'色'，那老师就给大家讲个'空'的故事。大家想不想听？"学生们一听老师要讲故事，都来了兴致，纷纷说："想!"并且都抬起了头，很期待地看着曹老师。	进行鉴别判断：曹老师已经在这个班任教一个学期了，师生关系十分融洽，所以，经过简单判断，曹老师认为应该按照第三种假设处理此时自己遇到的窘境。

续表

课堂关键事件叙事案例	窘境鉴别策略的运用
看到成功激起学生的兴趣，曹老师便开口讲道："从前有座山，山里有座庙，庙里住着一个老和尚和一个小和尚。"学生发出笑声，有些学生纷纷表示他们听过，曹老师示意他们保持安静，继续听下去。"老和尚带着小和尚下山去云游，当他们路过河边的时候，发现河边有一个没穿衣服的女人昏倒在地。小和尚急忙转过身，双手合十，嘴里叨念不停。老和尚却走上前去，背起女人，把她背到郎中那里才离开。小和尚很疑惑地问：'师父，你不是常说男女授受不亲吗？怎么你还敢背那个裸女？'老和尚说：'我都已经放下了，你怎么还不放下。'" 故事讲完后，看到有些学生慢慢领悟的样子，曹老师也慢慢地打开了课件，又向全班学生大声地重复了一遍："我都已经放下了，你们怎么还不放下？"学生们恍然大悟，有些学生开始低声笑起来，然后抬起头看课件。之后，这节课得到了很好的效果。	做出教学决定：曹老师决定以一则老和尚将"空""放下了"的故事为例，启发学生将思想包袱和偏见等放下。

　　显然，窘境鉴别策略是帮助教师突破教育教学中的两难困境的一种有效策略。

四、个人理论分析策略

　　个人理论分析策略的特点是突出教师的个性特征，即指教师在创造教学关键事件中如何依据自己隐含的个人理论，或已树立的信念、价值观做出专业的判断，采取相应的教学行动。这一策略能突出基于教师个人理论的分析判断与决策，体现教师对特定环境的理解，帮助教师缩小教育理念与教育行为之间的差距，克服教育行为滞后于教育理念的现象，使教师走出常规的教育教学方法，思考如何体现以生为本的施教方法。

　　表 3-8 展示了一个运用个人理论分析策略发现重要信息、产生关键事件的案例。

表 3-8　关键事件案例：马老师巧用 DVD

课堂关键事件叙事案例 ［改编自《教育技术培训教程 （教学人员版·初级）》，祝智庭，2005］	个人理论分析策略的运用
马老师是西部一座小城中的农村教学点的普通小学语文教师。今天，马老师要给她任教的小学一年级的孩子们讲"清澈的湖水"一课。拿起教科书，马老师不禁回想起以前讲这节课的情景：从没有见过湖水的学生们，很难理解课文中所描述的湖光山色，对课文中要掌握的十几个生字只能机械记忆，课堂显得十分沉闷，对课文中"……像……"的句法难点很难掌握。怎样使这节课的教学变得生动活泼，怎样激发起学生的学习兴趣呢。	<u>马老师的个人理论是</u>：要让学生将学与用相结合，教师应该尽可能为学生创建真实的学习情境。
此时，马老师所在的教学点已经配备了农村中小学现代远程教育工程支持的 DVD 播放机和彩色电视机，并且得到了一整套由东部著名学校的名师拍摄的 DVD 课堂录像。马老师在上课前，认真观看了 DVD 光盘中远在千里之外的东部某著名小学的一名特级教师所讲授的"清澈的湖水"一课，马老师觉得从中学到了很多东西。"今天这节课，学生们一定会喜欢！"马老师对此胸有成竹。	<u>马老师的个人理论是</u>：一名好的教师要能够通过学习不断地改进自己的教学行为。
上课时间到了，马老师自信地站在讲台前，声音洪亮地说："春天到了，同学们都很想出去春游吧？让我们一起来看一段风光片吧！"说着，马老师按下了 DVD 机遥控器上的"播放"按钮。 一段秀丽的风景视频出现在电视屏幕上：蓝天、白云、清澈的湖水、倒映的青山和在湖水中游来游去的小鱼。画面中，一对年轻的父母带着孩子划着一条小船在湖	<u>马老师的个人理论是</u>：既然学生无法在自己生长的特别缺水的西部农村看到湖光山色，也无法让经济条件仍然非常低下的学生在家里看到相关电视节目，何不借助学校的信息化教学设备，用 DVD 教学光盘

课堂关键事件叙事案例 [改编自《教育技术培训教程 （教学人员版·初级）》，祝智庭，2005]	个人理论分析策略的运用
水中荡漾，全家人都陶醉在这美丽景色中。不远处，一位坐在另一艘小船上的小朋友刚想把吃过的面包包装纸扔到湖里，但她看到清澈的湖水，不忍心破坏美丽的湖面，就一直把包装纸带回岸上，放到了该放的地方。	中的风光片作为一种模拟真实情境的情境创设工具，为学生提供"可视化"的湖光山色呢？
播放完课文内容，马老师按下了"暂停"按钮，问道："同学们，大家刚才都看到了什么？哪位同学能告诉我？"学生们争先恐后地举起小手："美丽的湖水""漂亮的大山"……大家纷纷道出自己所看到的景色。	马老师的个人理论是：学习的快乐就是走向对话，对话是有效学习的生命。
马老师问道："大家想不想听听电视机里的小朋友们是怎么说的？"随着学生们急切的回答，马老师又按下了播放按钮。电视机里的小朋友们也是争先恐后地说："我看到了蓝天白云映衬下的宁静的湖水。""我看到了两岸的青山和它们在湖水中迷人的倒影。"……马老师转向教室里的学生们说："大家想不想再说说，刚才看到了什么？"在马老师的启发下，学生们给出了很多美妙的描述："我看到碧绿的湖水中一条银色的小鱼游来游去，像是在给大家表演。""两岸的山峰有的像展翅的雄鹰，有的像可爱的小兔。"……"大家想不想听听电视机里的老师怎么评价那里的小朋友的发言？"马老师再次开始了播放……	马老师的个人理论是：学生的多数行为是通过观察他人的行为过程和行为结果而习得的，虽然我的学生远在西部农村，很少与外界接触，但是借助现代教育技术，我可以让课堂录像中东部学校的学生作为我们西部农村学生学习的榜样。
不知不觉中，下课的时间到了。在这节课中，马老师不仅让自己班级里的学生们与电视机里的学生们比赛了识字、造句，还让自己班级里的学生们与电视机里的学生们比赛了观察和表达。临近下课时，看到学生们眼中因为理解而闪现出的清澈、幸福的光芒，马老师开心地笑了。	马老师的个人理论是：通过教学设计，可以使本来单向播放的DVD媒体具有"双向"互动的作用，让东部学校的学生通过DVD成为西部学生课堂中的"虚拟学伴"，开展竞争学习。

马老师通过精心的教学设计，将单向传输的 DVD 设备转化为"双向"互动的媒体，实现了一种具有虚拟学伴作用的远程教育模式。观摩过这节课的教师们都为马老师巧妙的教学设计赞叹不已，认为这是一节非常精彩的信息化课堂的教学应用课。

个人理论分析策略中的个人理论，不是那种宏大的教育教学理论，而是教师经过长期教育实践与反思所形成的自己真正信奉的教与学的理论，是一种典型的隐性理论。这一策略的运用显然是要促进教师发展的个人理论，提升问题解决的能力。

五、思想批判策略

特里普认为，思想批判是教师专业判断力的基础。教师的教学行为附属于思想，思想又反过来使教师的教学行为合法化。为了让教师更好地掌握思想批判策略的要点，分析和检验教学事件，特里普（2001）建构了分析途径的框架：

①公认的观点——描述现象，按照公认的（支配的）观点解释其意义所在。

②现象的分析——分析和检验公认的观点，找出其内部的不一致、驳论、矛盾和反例，发现其遗漏和缺失。

③判断其合理性——指出谁在①项中获益最大，谁在②项中受损最严重。

④选择的可能性——根据②项和③项的发现，寻找一种现有的结构或创造另一种新的结构，这种结构比①项更合理、更公正。只有通过思想批判才能理清错综复杂的矛盾，正确地判断、分析和行动。思想批判的特点是：任何事物都不是绝对的，关键事件中不存在唯一"正确的"答案，教师应该从不同的角度思考分析事件，去伪存真，找到解决问题的最佳办法。

表 3-9 展示了一个运用思想批判策略发现重要信息、创建关键事件的案例。

表 3-9　关键事件案例：孔老师要让那面墙壁说话

课堂关键事件叙事案例 [改编自《教育技术培训教程 （教学人员版·初级）》，祝智庭，2005]	思想批判策略的运用
某学校的英语教师孔老师最近遇到了一个很棘手的问题：她班上的很多学生都不爱学习英语，也从不交作业，因此英语学习成绩一直不好。	<u>公认的观点</u>：学生应该按时交作业。
经过认真思考后，她想出了一个主意。第二天上完课，她给学生布置了一次特色作业，主题是：名词的复数。孔老师对学生们讲："只要体现名词复数这一主题，同学们可以采用任何形式完成这次作业。"学生们听后觉得很新奇，老师的葫芦里到底卖的什么药啊。	<u>现象的分析</u>：每位学生的学习兴趣是不同的，认知水平也是有差异的，然而教师布置的作业的标准与形式没有因为学生的差异而不同，是"一刀切"的。
	<u>判断其合理性</u>：忽略学生的差异是违背因材施教的教育教学原则的，既会挫伤学优生的学习积极性，也会打击学困生的自信心。
	<u>选择的可能性</u>：根据现象的分析和判断合理性的结果，寻找到一种新的结构——每位学生可以做不一样的作业。
几天过去了，到了该交作业的时间，这次全班交上来23份特色作业。尽管这不是全班全部学生的作业，但交作业的数量比起平时作业的提交量已经有了明显提升。这些作业中有做得认真的，也有做得马虎的；有画图画的，也有写诗歌的。孔老师没有表态，而是在教室后面的墙壁上把这些作业一一展出。孔老师想让那面墙壁说话。	<u>公认的观点</u>：如果作业有错误，可能会遭到老师的批评和点名；而只有优秀的作业才有可能被展示出来。

续表

课堂关键事件叙事案例 [改编自《教育技术培训教程 （教学人员版·初级)》,祝智庭,2005]	思想批判策略的运用
自从作业被展出后，孔老师一下课就站到那面墙壁前，静静地、认真地欣赏学生们的作业。孔老师的这一举动很快招来了好奇的学生们，他们也模仿孔老师的样子开始认真地看在那面墙壁上展出的作业。	现象的分析：教师认真欣赏学生作业的举动，影响了学生，学生也开始认真观摩与欣赏彼此的作业，形成了一种观察式学习。
这面墙壁现在成了孔老师在教室中的一个展区，每周一，课代表就把特色作业收上来，利用课间组织同学们将它们张贴在那里。现在孔老师和学生们一走进教室，就习惯性地看看教室的那面墙壁。一到下课，就会有一些学生站到那面墙壁前，叽叽喳喳地议论："你看小纯画的那只苹果。""你看杨阳写的那个单词。"……	判断其合理性：教师在潜移默化中带领全班学生开展了观察学习，并在观察学习的过程中，使学生获得了示范活动的象征性表象。
是的，有了这面墙壁，孔老师不用整天唠叨："同学们，你们要写作业啊，要背单词啊……"现在，全班学生都能交作业了。孔老师说："现在我不用说话，让那面墙壁说话吧，它说的话每个学生都爱听，它比我会说话。"	选择的可能性：根据现象的分析和判断其合理性的结果，教师引导学生都欣赏墙壁上展示的作业，产生出一种全新的作业评价方法，其结果是全班学生都可以提交反映自身真实水平的作业，并能获得老师和同学的认可性评价。

　　思想批判策略要求教师能够对日常教学中的事件进行批判性的审视，提升教师的反思深度。

　　以上综述的特里普提出的五种关键事件产生的策略，旨在改变教师常规的思维定式，使教师能够以多视角的、开放的思维方式审视和分析自己的教学行为，积极捕捉教学中典型事件的有用信息，提高和发展自身的专业判断力(邓妍妍和程可拉，2009)。

·面对问题进行关键抉择的方法与技术·

　　面对发现的问题进行关键抉择是基于课堂关键事件叙事的教师专业发展循环中的第三步,也是教师从实践性知识获取迈向教学实践行为改进的经验学习圈中的关键一步。在这一阶段中,教师会根据发现的关键事件确定焦点问题,寻找产生问题的原因,同时对问题的原因进行深入的分析与思考,并对解决问题的方法与途径做出关键抉择。而这第三步能否取得成功,取决于教师的专业判断能力。

　　在康德的哲学体系中,判断力被分为两种:第一种是将普遍规律用于个别事物的决定判断力;第二种是反省判断力。决定判断力具有构成性,而反省判断力则具有调节功能。专业判断力是指在专业领域中,专业人士对发生在身边的事物的性质、状况和发展趋势做出判断以及选择应对处理方式的一种判断能力。专业判断力与人的知识积累和经验积累有关。舍恩(1983)指出,当专业人员在他们本身知识不足(没有一种专业的知识可以穷尽)或在没有"正确答案"的情况下仍能做出睿智判断的能力,即为专业判断力。教师专业判断力是一种"专业猜测",是教师专业的一种审视能力,与教师的实践、诊断和反思有关,而不仅仅是获得事实和规定的"正确答案"(邓妍妍和程可拉,2008)。

　　教师的专业判断能力包括三个层次:实践性判断力、诊断性判断力和反思性判断力。实践性判断力是指教师在教育教学实践过程中,将普遍的教育教学规律通过关键性抉择用于自己教育教学实践的判断力。诊断性判断力是指教师在遇到预设之外的新问题与新挑战时的判断力。反思性判断力是指教师对教育教学的分析决断以及进行批评性审视的能力。

　　教师在确定关键事件中的焦点问题,对解决问题的方法与途径等做出关键抉择时,往往要综合运用实践性判断力、诊断性判断力和反思性判断力。特里普在其撰写的《教学中的关键事件》一书中提出了教师进行关键抉择时的判断与分析方法表，如表 3-10 所示。

表 3-10　教师进行关键抉择时的判断与分析方法

判断的类型	判断需要的信息	需要分析的问题	涉及的人
实践性	程序的	我应该做什么	为谁/与谁
		怎么做，何时做，在哪里做	
诊断性	描述的	发生了什么	涉及谁
	一般的	什么使它发生	谁在行动
	效率的	它做了什么	为了谁
	影响的	它感觉到了什么	为了谁
	语义的	它意指什么	对谁
	解释的	它是怎样发生的	与谁
反思性	个人的	我喜欢它吗	其他人喜欢它吗 为了谁
	评价的	这是件好事吗	
	正当的	为什么	
	分类的	这是个什么例子	谁的分类
	社会的	它公正吗	为了谁

表 3-10 中的"它"系指关键事件。教师在关键事件中运用这三类判断力寻找焦点问题及产生问题的原因等关键抉择的过程，可以可视化为图 3-2 所示的过程。

图 3-2 表明，当教师在遇到课堂中的事件时，首先会运用实践性判断对教学感知进行判断，从而得出程序的关键抉择，如"我应该做什么"及"怎么做，何时做，在哪里做"等；其次，教师会运用诊断性判断对课堂进行诊断，获得描述的、一般的、效率的、影响的、语义的和解释的关键抉择，回答"发生了什么""什么使它发生""它做了什么""它感觉到了什么""它意指什么"和"它是怎样发生的"等关键性问题；最后，教师会运用反思性判断应变课堂，得出个人的、评价的、正当的、分类的和社会的关键抉择，如"我喜欢它吗""这是件好事吗""为什么""这是个什么例子"以及"它公正吗"等。

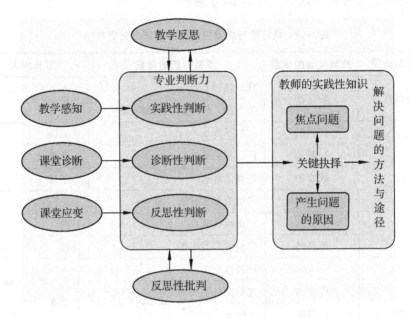

图 3-2　教师关键抉择的流程图

教师在进行这三种关键抉择时，其实也在进行着行动中反思和行动后反思，且在反思的过程中一直持有反思性批判的观点和视角。教师所做出的三项关键抉择，会直接使教师明确关键事件中的焦点问题及产生问题的原因，并依据关键性抉择及教师的实践性知识得出解决问题的方法与途径，为实现教学改进奠定基础。

·重新建构实现关键改进的方法与技术·

重新建构实现关键改进是基于课堂关键事件叙事的教师专业发展循环，亦即教师经验学习圈中的第四步，也是整个循环的最后一步，是教师开始进入新一轮循环的终点与起点的衔接处。所谓关键改进，是指教师针对课堂关键事件暴露出的焦点问题进行的有针对性的教学改进。关键改进的目的，亦即教育的根本目的就是促进学生的发展，因而，关键改进一定要朝着使学生学习进步、取得成就和获得发展的方向努力。

　　显然，重新建构实现关键改进作为基于课堂关键事件叙事的教师专业化发展循环，亦即教师经验学习圈的最后一步，体现了教师专业发展的过程是一种通过转换经验实现知识再创建的过程。库伯（Kolb，2008）认为，在经验学习圈的过程中存在两种对立的获得经验的方式——具体经验与抽象概括，以及两种对立的改造经验的方式——反思性观察与行为改进。当教师能够回忆与描述课堂关键事件的关键情境时，就已经进入了具体经验获取阶段的学习，这一学习结果使之能够获得课堂中的某种具体经验；当教师从关键情境中发现了重要信息并产生关键事件时，就进入了反思性观察式的学习，其结果是通过对经验的批判性反思来提升对经验的认识；当教师能够面对问题进行关键抉择时，就进入了一种抽象概括式的学习，其结果是在情境中发现行为与结果之间的联系，对行为的方式和方法抽象出较为合理的概念；当教师能够重新建构实现关键改进时，就已经进入了积极实践阶段的学习，在此阶段中，教师就能够实现反思与行动的辩证转化，实现从反思到行动及从行动到反思的螺旋式上升。

　　经验学习理论认为，人的学习方式会直接影响人的行为改进。库伯依据经验学习原理提出了四种典型的学习方式，并开发了一个用于自我测量的量表，如表3-11所示。

表3-11　学习方式测量量表（房慧，2010）

> 该量表旨在帮助评定个人偏爱的学习方式。当您在填写这个量表的时候，给您认为最能描述您学习方式的单词最高分、最不能描述您学习方式的单词最低分。
>
> 或许，您会发现要选择最能描述您的学习方式的单词是一件非常困难的事，因为没有正确或错误的答案。在量表里描述的不同特征没有好坏之分。该量表旨在帮助评定个人偏爱的学习方式，而不是用来评价个体的学习能力。

指导语

该量表有九个题目，每个题目都有四个形容词。在每一组的四个形容词中，从最能反映自己特点到最不能反映自己特点的形容词前的空格上依次填写 4 分、3 分、2 分和 1 分。确认您在每个题目的四个单词中填写了不同等级的数字。

1. ____有识别力	____尝试性的	____考虑涉及的东西	____实践的
2. ____接受的	____有关的	____分析的	____中立的
3. ____感知	____注意	____慎思	____应用
4. ____接受	____冒险	____评价	____意识到的
5. ____直觉的	____有成效的	____逻辑的	____探寻的
6. ____抽象的	____留心的	____具体的	____主动的
7. ____以现在为导向的	____反思的	____以未来为导向的	____以实际为导向的
8. ____经验	____观察	____概念化	____实验
9. ____热情的	____不苟言笑的	____理性的	____负责的

计分项目

具体经验：_____ 反思观察：_____ 抽象概括：_____ 积极实践：_____

2，3，4，5，7，8　　1，3，6，7，8，9　　2，3，4，5，8，9　　1，3，6，7，8，9

按照库伯提出的计算方法，表 3-11 的得分计算方法为：

①计算具体经验列得分，即将表中第一列中的第 2，3，4，5，7，8 行的得分进行累加，所得累加和即为具体经验得分；

②计算反思性观察列的得分，即将表中第二列中的第 1，3，6，7，8，9 行的得分进行累加，所得累加和即为反思性观察得分；

③计算抽象概括列的得分，即将表中第三列中的第 2，3，4，5，7，8 行的得分进行累加，所得累加和即为抽象概括得分；

④计算积极实践列得分，即将表中第二列中的第 1，3，6，7，8，9 行

的得分进行累加，所得累加和即为积极实践得分。

表 3-11 计算出来的得分意义如下。

具体经验学习方式 得分高的学习者属于顺应型学习者，该类型学习者善于通过具体的感觉体验来学习，他们倾向于通过直接经验来获得信息，喜欢在与人交往的过程中获取信息，通过体验和参与进行最有效的学习。

反思性观察学习方式 得分高的学习者属于发散型学习者，该类型学习者遇到问题时，喜欢观察和检验信息，他们倾向于从不同的角度对所观察的信息进行检验，对问题进行沉思，并且探索可能存在的各种含义。

抽象概括学习方式 得分高的学习者属于同化型学习者，该类型学习者遇到问题时，喜欢对问题进行智力性探索和理性的检验，他们喜欢从书本中获取信息，倾向于掌握抽象的、符号的或理论的信息。

积极实践学习方式 得分高的学习者属于会聚型学习者，该类型学习者遇到问题时，会积极主动地做出反应，倾向于对他们得到的信息立即采取行动。

库伯作为经验学习的集大成者，针对上述四种学习类型的学习者，提出了非常具体的行为改进建议，如图 3-3 所示。

图 3-3 告诉我们，顺应型学习者具有敢于冒险、具备领导才能和付诸行动的优点，但同时也具有工作完成不准时、计划不切实际和目标偏高等缺点，为此，库伯提出这种类型的学习者在行为改进时需要专注目标，注意寻找新的机会，加大个人投入，多与他人交往，以及加强自身的领导力等。发散型学习者具有想象力丰富、善于理解他人、善于发现问题和喜欢献计献策等优点，但同时也具有难以决策和难以把握机会的缺点，为此，库伯提出这种类型的学习者在行为改进时应特别注意多听取他人意见，积累信息资料和体谅他人感受等。会聚型学习者具有善于认识问题、解决问题、擅长决策和演绎推理的优点，但同时也具有精力不集中、想法分散和决策匆忙的缺点，为此，库伯提出的改进措施是：制定清晰的目标，努力

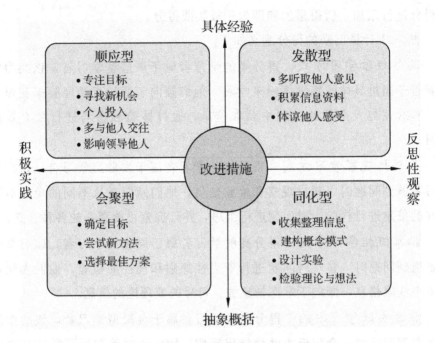

图 3-3　四种学习类型的行为改进建议（Kolb，1981）

尝试新方法和注意选择最佳方案。同化型学习者具有善于制订计划、善于发现问题、善于构建理论和善于创建模式的优点，以及不吸取经验教训、方法不系统和行动不实际等缺点，库伯对此提出的行为改进意见是：加强收集整理信息，建构概念模式，设计实验和检验理论与想法等。

　　艾尔默（Elmore，R.F.）教授指出，教师的教学改进从根本上说是个人和组织学习的过程。"改进是一个持续的、发展的过程，在连续的发展阶段中它需要不同类型的知识和技能。"（Elmore，2005）因此，教师在实现教学改进的过程中，不但需要很好地利用从课堂关键事件中提炼出的实践性知识，更重要的是还需要依靠校本研修团队的集体智慧开发新的知识。

　　教学改进不是一个线性的过程。"就像很多其他的发展过程一样，人们并不是以稳定、统一的方式使其知识获得增长，同样，知识也不是通过这种方式来证明其自身的。"（Elmore，2005）研究发现，学生成绩的增长与教师的新的教学实践有直接关系，而这种教学实践是指有针对性地专注于具体的学生学习问题而做的改进。教师在将新的知识与实践进行整合时，可能会遇到一些问题与挫折，在这个时候应该保持信心，否则很容易导致教学改进的失败（王天晓，2009）。

教学改进不仅是一个技术过程，同时也是一个社会交往和情感过程。教师的教学改进需要得到自己的认可，更需要得到同行、领导和上级的认可。因此，学校应该为教师的教学改进创建更宽容、更和谐的教研文化，教师应该在校本研修团队的支持下实施教学改进。

教师从一个个课堂关键事件中所引发的关键教学改进，在校本研修团队的支持下，比较容易形成一种持续有效的教学改进，因此教师的关键改进是学校整体改进的重要基础。

综上所述，"关键事件"并不是事件本身具有多么一目了然的关键性与重要性，其关键性是通过深入分析与剖析后，才体现出事件本身对教师专业发展具有重要的意义与影响（胡庆芳，2007），从而可以引发教师的关键抉择和教学关键改进。因此，关注这类潜在的关键事件至关重要，它是教师成长不可或缺的有效途径。

 案例研读 --

案例 3-2 手机风波

本案例改编自北京市某示范高中的真实课堂事件。任课教师赵老师是一位具有23年教龄的高中成熟型教师，且在学校中一直以工作认真负责、课堂教学效果好而闻名。事件发生的这一年，学校领导安排赵老师接手了一个学校新招收的实验班。该实验班的学生与其他班级的学生相比，明显的生性活泼好动、自信心很强，大部分学生的家庭背景良好，父母都受过良好的教育。

在数学课上，赵老师正在讲台上专注地讲课，突然发现坐在教室后面的李强同学根本没有听讲，而是一直在低头玩手机。于是赵老师停下来大声说道："李强，你在那儿干什么呢？为什么不听讲，在那儿一直玩手机？"

李强愣了一下，马上回答道："老师，我没有玩。"赵老师非常生气地说："你还顶嘴，我看到你玩了！"李强马上反驳道："老师，我就是没玩！"听到李强的高声反驳，赵老师更生气了，她径直从讲台上走到坐在教室后面的李强跟前说："请你把手机交出来。"

全班学生的目光都集中到了李强的身上。只见赵老师与李强在那里僵持了一会儿，最终，在同学们的注视下，李强不得已地把手机交给了赵老师。

赵老师拿了李强的手机后，就返身走回讲台。课堂教学继续进行。

……

下课铃响了，赵老师大声地宣布下课。此时，李强马上冲到讲台前，大声地对赵老师说："老师，您把手机还给我！"赵老师停顿了一下说："你上课玩手机，严重违反了课堂纪律，我不能那么轻易地就还给你。你要想拿回手机，就让你的家长来取好了。"说罢，赵老师就走下讲台，准备走出教室。此时，李强的情绪非常激动，一个健步就冲了上去，用高大的身体堵住了正要往外走的赵老师，说："今天您要是不把手机还给我，就别想走！"赵老师听后立即被李强的话激怒了，也变得激动起来，师生两人就这样发生了肢体上的冲突，导致接下来的课都没有办法上了，并且这个事件惊动了整个学校。

◇➡ **案例分析** --

课堂关键事件叙事的方法与技术

　　请您在认真研读案例 3-2 后，从对关键情境的回忆与描述、发现重要信息的策略、关键抉择的判断与分析，以及关键改进四个维度对案例进行分析，并填写表 3-12。

表 3-12　课堂关键事件叙事案例分析表

分析内容	分析结果
案例 3-2 中运用了哪些手法回忆与描述了课堂中的关键情境？	
您认为可以运用哪些策略发现案例 3-2 中的重要信息？	
您认为案例 3-2 中的赵老师应该运用哪些关键抉择的判断与分析方法，才能找到解决这一事件的好的办法与途径？	
您认为案例 3-2 中的赵老师应该如何实施关键改进？	

续表

请按照您认为教师应该运用的正确的方式、方法重新撰写这一课堂事件

 方法设计 -

课堂关键事件叙事练习

请结合课堂关键事件叙事的方法与技术，以自己亲身经历的课堂关键事件为背景，练习撰写课堂关键事件，并填入表 3-13 中。

表 3-13　课堂关键事件叙事表

学校所在省份		学校所在市县	
学校名称		教师姓名	
日　期		校本研修周数	第　　周
我的课堂关键事件叙事			
关键事件叙事名称			
（请在这里撰写课堂关键事件叙事）			

续表

课堂关键事件叙事的自我剖析	
运用了哪些手法回忆与描述课堂中的关键情境？	
课堂关键事件叙事的自我剖析	
运用了哪些策略发现事件中的重要信息？	
运用了哪些关键抉择的判断与分析方法？	
应该如何针对关键事件实施关键的教学改进？	

模块四 从教学反思走向反思性实践

建议时间：4 小时

说明

　　本模块以一名教师开展反思性实践的案例为切入点，介绍了具体经验获取、反思性观察、抽象概括和积极实践四步反思性实践的过程

核心概念

　　反思性实践　具体经验获取　反思性观察　抽象概括　积极实践

活动	主要作品
案例研读	表 4-10　案例 4-1 的分析表
案例分析	表 4-11　反思性实践的方案设计
专家讲座	
方法设计	

◆➡ 学习导入 -

　　教师进行教学反思的最终目的在于改进课堂教学实践行为，提高教育教学质量，促进学生的发展。在由教学反思进入到教学实践行为改进的过程中，教师有关如何教与如何支持学生学习的实践性知识也将得到进一步的发展与提升，从而有助于教师开展真正的专业学习，获得面向课堂教学实践改进的专业成长。

在此模块中，将介绍反思性实践的典型案例，以及反思性实践的基本概念和四个典型阶段。

◆➡ **案例研读** --

案例 4-1　我的反思性实践之旅

本案例来自"一体化项目"。贺老师是一名拥有四年教龄的高中新手数学教师，在一所省级示范高中学校工作。她所在的学校有一支由 11 名高中数学教师组成的校本研修团队，名为 EMT 团队。本案例记录了贺老师在参与 2011 年"一体化项目"中所经历的反思性实践之旅。

从师范大学毕业参加工作以来，我所在学校的校长一直非常器重我，给了我许多外出学习的机会。2011 年新学年刚开学的一天下午，校长找我谈话，告诉我学校刚刚接到省教育厅转发到市里的有关今年"国培项目"的文件。校长语重心长地说："这次'国培项目'从文件中就可以看出与以往非常不同。首先，这是一个集中面授培训与远程校本研修相结合的项目，持续时间要四个多月；其次，种子教师到首都师范大学接受 15 天的面授培训后，回来要组织自己学校的校本研修团队，而且要借助网络，在首都师范大学王陆教授的助学者团队的指导与专业引领下，开展为期四个月的校本研修。学校领导班子经过讨论后，准备推荐你作为种子教师到首都师范大学接受培训。你有什么想法吗？"听了校长的话后，我特别激动，没想到学校把这么难得的学习机会给了我，同时，我也有些忐忑，因为我毕竟只有四年的教龄，是个新手教师，回来后我能组织起一个校本研修团队吗？我跟校长汇报了我的想法和担心，校长听后立即鼓励我说，他会亲自担任校本研修团队的负责人，配合、支持我的工作，以身作则地开展好这次研修，学校也一定会为校本研修团队的学习提供更多的具体支持。

·集中面授·

一周之后，我踏上了去北京学习的火车。一路上，看着车窗外秋天收获季节的动人景象，我的心中充满了对这次参加集中面授培训要大获丰收的渴望。

来到首都师范大学的校园，感受着这所大学独特的校园文化，近距离地接触长期活跃在中小学一线的专家学者们，每天接受着不同教授、不同风格的讲座带给我们思想上的冲击，接受着一个个新的教育名词、教育理论。例如，"中西医的教学诊断法"让我深刻认识到在从新手教师成长为杰出教师的道路上，首先要学习做一名出色的"教学诊断师"，学会用科学的方法与技术解决平时教学中存在的问题。这一切让我切身感受到教师专业发展的 2.0 时代正在悄悄向我们走来。我也暗暗下定决心，要把我在集中面授中学到的多种课堂观察和教学反思的方法与技术，带入我们学校的校本研修团队中，让这些科学的方法与技术进一步开阔我们的教育视野，丰富和完善我们的教育思想，提升教育智慧，为实现我们的教学实践行为的改进奠定坚实的基础。

·远程研修之准备阶段·

"十一"长假一过，我们就迎来了远程校本研修的新阶段。登录上向往已久的校本研修平台，首先映入眼帘的就是准备阶段的招贴画，以及准备阶段的任务部署：每个校本研修团队的成员首先要到平台上报到，介绍自己；其次，每个校本研修团队要召开第一次团队会议，并且设计团队的 Logo 及口号，制作介绍自己团队的 PPT 等，通过这些方式来创建团队文化。我觉得这些活动既新鲜又有趣，于是立即召集了我校 11 位校本研修团队的教师上线，正式开始了我们的远程校本研修之旅。

经过大家的热烈讨论，我们给自己的团队起了一个响亮而质朴的名字——EMT 团队，EMT 三个字母是"数学教育团队"的英文缩写，表明我们的团队要以数学教育为研修的核心。表 4-1 是我们召开第一次团队会后形成的决议。

表 4-1　EMT 团队第一次会议记录表

学校所在省份	河南省		学校所在市县		安阳市
学校名称	安阳市实验中学		团队名称		EMT（实验中学数学团队）
团队成员	吴淑梅、王清霞、成占超、董焕焕、兰强军、崔全良、赵邦一、邵书静、贺计策、张哲、史惠平				
参会人员及分工					
会议召集人	吴淑梅	主持人	吴淑梅	会议记录人	王清霞
参会人员	校长张开道，副校长邢新春，政教处主任吴淑梅，数学组组长刘朝光、李春霞，组员王清霞、成占超、董焕焕、兰强军、崔全良、赵邦一、邵书静、贺计策、张哲、史惠平				
会议时间及地点					
会议时间	2011 年 10 月 8 日	会议地点	安阳市实验中学行政楼二楼会议室		

会议议题
建立校本研修团队的规范，需要讨论并确定以下内容： · 团队名称 · 团队口号 · 团队 Logo 或团队队歌 · 学习目标 · 今后校本研修团队会时间 · 组内要求

会议结论		
团队名称		EMT（实验中学数学团队）
团队口号		团结协作，享受研修
团队 Logo ☐	团队组歌 ☑	众人划桨开大船
请在选项框中画"√"		…… 波涛在后，岸在前 一根筷子呀，轻轻被折断 十双筷子牢牢抱成团 一个巴掌呀，拍也拍不响 万人鼓掌哟，声呀声震天，声震天 同舟嘛共济，海让路 号子嘛一喊，浪靠边 百舸嘛争流，千帆进 波涛在后，岸在前 同舟嘛共济，海让路 号子嘛一喊，浪靠边 百舸嘛争流，千帆进 波涛在后，岸在前 同舟嘛共济，海让路 号子嘛一喊，浪靠边 百舸嘛争流，千帆进 波涛在后，岸在前 波涛在后，岸在前

续表

学习目标	充分调动和发挥教师对教学工作的积极性和创造性，营造积极的教学氛围来实施有效教学，提高教师的教学效率和学生的学习效率。确立教学中教师和学生的双主体地位，逐步确立科学合理的学校教学评价体系，确保教学时间和课程的合理安排，监督学生的学习状况，保障课程和教学的质量，使学生有效地掌握知识，进而促进学校的整体改进
校本研修团队会时间	周三 16：30
组内要求	· 按时参加团队活动，听课、评课 · 积极讨论校本研修中遇到的问题或交流实施心得 · 坚持写自我反思

　　我们将介绍团队的 PPT 上传到校本研修网络支撑平台，同时也下载阅读了其他 99 个一起参加远程校本研修团队的 PPT，感觉收获颇多。它不仅让我们在网上"认识"了许多高中数学教师同行，而且也让我们了解到其他团队教师们的价值观和教育信念，这些信息促进了我们对自我认识的进一步反思。

·远程校本研修之具体经验获取阶段·

　　两周后，随着准备阶段的结束，我们团队与大家一起迎来了远程校本研修的第一个关键阶段——具体经验获取阶段。在这个阶段，我们需要选择团队中的一名教师，开展一节常态课教学，其余的团队成员运用所学的开放式观察、聚焦式观察和结构观察等课堂观察方法与技术，对这节课进行现场的课堂观察，然后通过召开校本研修团队会，大家一起抽取这节课中任课教师的具体经验，再依据每一位教师所获取的具体经验，为被观察教师提出教学改进的建议。

由于我自己是团队中唯一的一名新手教师，又深知自己在教学中存在许多不足之处，因此很想借此机会，请校本研修团队的成员们为我"把脉诊断"，以获得难得的教学改进建议，为此，我申请作为被观察教师参与此阶段的活动。

我设计了"基本不等式"一课。在开始备课时，考虑到我以前上这节课时基本上都采用的是讲授法进行教学，学生的学习热情不高，也没有什么学习兴趣，课堂显得死气沉沉的。我想，这一次，我应该改变一下自己的教学设计和实施方案。然而，如何讲好这节课却是我面临的一个挑战。于是，我把自己的困惑告诉了我们 EMT 团队的成员，团队成员们专门为此召开了一次小型研讨会，经过讨论后，决定让我尝试采用讨论式教学方法实施这节课的教学。

我开始在网上及图书馆查阅资料，全面深入地了解本节课的教学内容。不仅如此，我还通过校本研修网络支撑平台学习了组织学生进行小组讨论的方法。我精心地做好了多媒体课件，对学生进行分组，并对每个小组都设置了不同的问题，计划让几个小组之间展开讨论。

我们 EMT 团队中的吴淑梅和赵邦一老师对我上的这节课做了开放式观察，他们的观察结果如表 4-2 所示。

表 4-2　EMT 团队成员对贺老师的开放式课堂观察结果

观察者姓名	吴淑梅、赵邦一	观察时间	2011 年 10 月 26 日第七节课	
实地情况		直接感受	方法笔记	分析与思考
案例一： 图片展示的是在北京召开的第 24 届国际数学家大会的会标，会标是根据中国古代数学家赵爽的弦图设计的，颜色的明暗使它看上去像一个风车，代表中国人民热情好客。你能在这个图案中找出一些相等关系或不等关系吗？ 教师引导学生从面积的关系去找相等关系或不等关系。		学生明确自己的任务，很快进入思考状态。两分钟后开始有小组成员在组内发表自己的见解，呈现出讨论的气氛。 教师开始巡视课堂，（因为分组，走道偏窄，教师关注了前面几组，未关注到后面几组）。 第一组回答问题时，因没有指定发言人，故而学生间开始互相推脱，最后有名学生自信地发言，而且讲得非常到位。	贺老师的三个案例，任务设计明确，一开场就激发了学生探究的兴趣。	根据现场情况看，因原来计划授课班级的电脑出现故障，换了班级后，小组角色分工没有完全指导到位，在回答问题时三个小组出现了不同的反应方式。
案例二： 两个直角三角形的面积与矩形的面积，你能发现一个不等式吗？		第二组因角色分工明确，一名女生回答流利，讲得十分到位。 第三组的问题简单，学生积极性高，学生主动发言。	三个问题的第一个问题是如何类问题，后两个问题都是是何类问题。可以从三个方面研究这个不等式，可是如何设计问题会	

150

实地情况	直接感受	方法笔记	分析与思考
案例三： 1. $\dfrac{25+81}{2}$＿＿$\sqrt{25\times81}$ 2. $\dfrac{\frac{1}{4}+1}{2}$＿＿$\sqrt{\frac{1}{4}\times1}$ 3. $\dfrac{1+16}{2}$＿＿$\sqrt{1\times16}$ 4. $\dfrac{2+2}{2}$＿＿$\sqrt{2\times2}$ 学生分成三个小组进行讨论，但讨论得不太热烈。		更好呢？贺老师现在教高三年级学生，在启发学生思考的时候，他不自觉地把各种证明方法都说了一遍。	（以后如何改进设计问题的方式，以调动学生的思维，需要思考）。 这里显得浪费时间，另外证明本身不难，留给学生思考后回答证明即可。贺老师展开得有点多。
回答三个案例的问题后，若 a，$b\in\mathbf{R}$，那么 $a^2+b^2\geqslant2ab$（当且仅当"$a=b$"时取等号）。 **问题一**：如何证明这个结论呢？ **问题二**：该结论成立的条件是什么？ **问题三**：该结论"等号"成立的条件是什么？	证明并不难，学生很快就回答出来了，答案由贺老师用课件进行展示。	此处反映了贺老师的课堂随机应变能力，但此处证明本身和上面一样，只是形式有变化，看来上面的证明用课件展示对学生印象不够深刻。	上面证明采用的是黑板板书，此处采用课件展示效果会更好。
解决这些问题后，贺老师引导大家提出猜想。 **思考**：如果 $a>0$，$b>0$，我们用 $\sqrt{a}$，$\sqrt{b}$ 分别代替 a，b 能得到什么结论？	学生思考后，贺老师让学生到黑板上写板书，学生写出的是证明不等式的不规范的分析法，贺老师应变能力很强，她通过在学生书写的步骤上添加文字的方法，保证了证明的规范性。	初中的几何知识，学生淡忘了，回答的积极性不高。 教师讲解清楚到位。	适当复习初中知识可以使效果变得更好。

实地情况	直接感受	方法笔记	分析与思考
接着贺老师指出，可以从形的角度对此不等式进行解释。 几何解释： 熟悉运算结构，贺老师对不等式的特点、运用进行了阐述。 紧接着贺老师和学生一起思考例题：求函数 $y = x + \dfrac{1}{x}(x > 0)$ 的最小值。 对其中三个条件改变给出三个不同的问题。 最后课堂小结，教师和学生共同完成。	几条线段只在图中标出名称，没有在空白处显示它们代表的是哪一段。 教师活动时间长，学生有的没有认真记笔记。 例题选的起点低，容易引起所有学生的注意。 从基本不等式一正、二定、三能的角度再次进行了解释，并让学生就具体问题如何处理进行了实际操作。 学生情绪较高。因为下课铃响了，出现了个别学生随意回答的情况。	小结给学生思考时间少。	能否让学生继续参与其中需要重点理解的注意事项。 例题设置和变式设置比较好，增加了若何类问题，层层推进，效果非常好。 因上课晚了几分钟，出现下课时间晚于规定时间的情况，看来，拖堂不是学生所喜欢的。

　　吴淑梅和赵邦一老师也提炼出我这节课中的具体经验。其中，正向的具体经验是：课堂上小组活动设计的学习任务明确，能够调动一部分学生的积极性。需要进行教学改进的建议有：①设计问题时要注意问题的目的性和有效性，应既能指引学生的思维方向，又能激发他们的兴趣，要适当增加为何类问题与若何类问题的设计；②小组教学时，教师要指导学生进行分工，有意识地培养学生团结协作的素养及口头表达能力；③教师在课堂上要关注学生，与学生交流要亲切自然，用最真诚的语言表达习惯与学生交流，使每个学生都能感受到教师特别的爱。

　　作为这节课的主讲教师，我自己也通过观察学生在课堂上的讨论情况发现了教学设计中的一些问题。首先，第二组的学生面对需要讨论的问题，显出一脸的困惑，思考问题时眉头紧锁，一些学生小声嘀咕"杠杆原理都忘光了啊"，还有一些理解问题的程度不是太理想的学生干脆什么都不思考，等待其他同学想出答案；其次，整个小组活动所占课堂时间比较多；最后，在我的提示、讲解后，学生对问题的理解程度仍不理想，以至于这节课中希望由学生发现问题的设计，没有达到预期效果。

　　我们EMT团队的成员王清霞、兰强军、成占超、董焕焕四位老师对我的这节课分别针对提问类型和课堂对话等维度进行了聚焦式观察，他们的观察结果如表4-3和表4-4所示。

表 4-3　EMT 团队成员对贺老师的聚焦式课堂观察结果(一)

提问类型	记号记录	总　数	比例(%)
是何类问题	正正正正正正正	34	85
为何类问题	一	1	2.5
如何类问题	丅	2	5
若何类问题	下	3	7.5

表 4-4　EMT 团队成员对贺老师的聚焦式课堂观察结果(二)

观察焦点		记录总数	比例(%)
教师挑选回答问题的方式	提问前先点名	1	2
	让学生齐答或自由答	31	65
	叫举手者答	2	4
	叫未举手者答	9	19
	鼓励学生提出问题	5	10
学生回答的方式	集体齐答	25	43.9
	讨论后汇报	5	8.8
	个别回答	10	17.5
	自由答	12	21.1
	无人回答	5	8.7
教师回应的方式	肯定回应	8	36.4
	否定回应	0	0
	无回应	2	9
	打断学生回答或自己代答	0	0
	重复学生回答并解释	12	54.6

　　王清霞、兰强军、成占超、董焕焕四位老师从他们所进行的聚焦式观察中，提炼出这节课的正向具体经验是：课堂问题设计梯度合理，逐步引领学生进入高阶思维层次。他们也提出了我需要进行教学改进的建议：①从教师回应的方式看，教师的肯定回应次数仅有8次，偏少，教师需要在学生回答正确后给予充分的肯定回应；②教师需要鼓励学生提出问题，以便收集学生掌握的真实情况，并及时调整课堂节奏；③一些难度小的是何类问题，教师可以让学困生来回答；而对于难度较高的若何类问题，可以提问学优生，以便让不同层级的学生都能获得成就感，调动全班学生学习的积极性。

　　我自己也对聚焦式观察结果进行了反思。从表4-3的提问类型的聚焦观察结果可以看出，在我上的这节课中，是何类问题太多，占问题总数的85%。显然，这节课应该减少是何类问题，增加为何类问题、如何类问题及若何类问题，以进一步引发学生的深入思考。从表4-4的课堂对话聚焦观察结果可以看出，在我上的这节课中，让学生齐答或自由答的比例过高，占65%，这种回答方式比较容易忽略班上的学困生，这对高三年级学生来说是有问题的。另外，尽管是一节讨论课，但采用"讨论后汇报"的学生回答的方式却只占8.8%，说明这节课的讨论教学法的实施不好，教师还是始终想把自己的认知灌输给学生，且教师没有重视知识建构的环节。这节课存在的另一个问题是，教师对学生回答问题后的回应多采取重复回答并解释的回应方式，缺少对学生回答问题后给予的真诚鼓励。

　　EMT团队成员中的史惠平与邵书静两位老师还对我的这节课做了结构式观察，其观察结果如图4-1和图4-2所示。

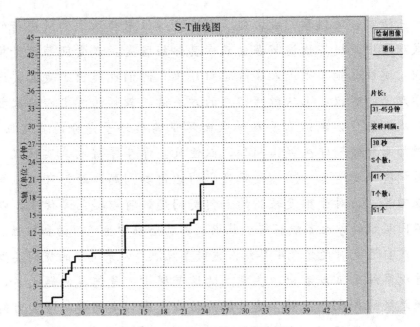

图 4-1 贺老师的 S-T 曲线图

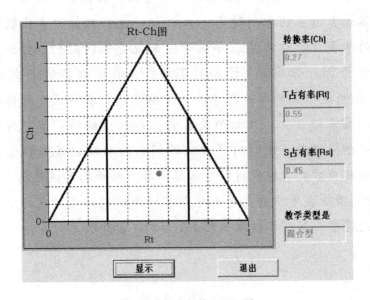

图 4-2 贺老师的 Rt-Ch 图

史惠平、邵书静两位老师针对结构式观察结果，为我提炼出具体经验和教学建议：①教学模式属于混合型教学模式，作为讨论课，Ch值，即师生行为转换率偏低，说明教师仍然以讲授为主；②教师要对学生的讨论情况进行关注并给予恰当的指导，从不同的方面调动学生的积极性，真正保证课堂的互动质量。

我也从图4-1和图4-2中发现了自己教学的一些问题：这节课的教师行为所占比例仍然比较高，为55%；其中S-T曲线图反映出我这节课在学生活动时出现了三个纵向的"断层"，表明学生进行讨论时，作为教师的我一直"游离"在他们的讨论之外，没有很好地实施教学干预与学习支持服务。

综合上述的课堂观察结果，我对自己这节课有了更全面深入的认识，也发现了我在教学中存在的问题。这么详细的课堂诊断与分析结果真的让我有种触目惊心的感觉。一直以来，我知道自己的教学存在很多问题，但往往抓不住要点和切入点，我要奋起直追，下决心改变教学行为。

·远程校本研修之反思性观察阶段·

随着具体经验获取阶段的结束，我们团队也跟其他团队一样迈进了第二个关键阶段——反思性观察阶段。在这一阶段中，首先，每一位参加研修的教师都要作为观察者参与观察团队中某位教师的一节课，这节被观察的课要求与具体经验获取阶段的课型不同；其次，作为反思者，要反思自己的课堂教学行为；最后，校本研修团队的成员要作为研究者，对教学活动及其背后的观念、假设进行持之以恒的思考，从多角度、多侧面分析、评价自己和他人的教学活动及其背后的观念、假设，做出合理的判断、选择，为进入抽象概括阶段奠定必要的基础。

经过讨论，我们 EMT 团队很快就确定了与我作为对照反思性观察的对象——史老师，史老师与我不同，她已经有八年教龄，属于胜任型教师。她选择了一节数学概念课。

我作为一名观察者和 EMT 团队的成员们一起走进了史老师的课堂。我们分别用开放式观察、聚焦式观察和结构式观察等方法对史老师的课堂进行了全方位的细致观察，我发现：①史老师能够在概念课中融入小组讨论教学法和游戏教学法，让学生充分参与到课堂的学习活动中，课堂气氛活跃，学生的积极性高；②史老师的提问类型设计比我的课堂更加合理，她的为何类问题、如何类问题和若何类问题共占提问问题总数的 42%；③史老师能够根据课堂中的情境运用不同的挑选回答问题的方式，反映出史老师不仅与班上学生关系融洽，彼此了解，而且也反映出史老师具有更多的情境策略和实施策略；④史老师展示的虽然是一节概念课，但她在课堂上的教师行为占有率仅为 36%，说明史老师正在实现"把课堂还给学生"的目标。

随后，作为反思者，我在 EMT 团队召开的反思性观察阶段的集体反思会上，对自己在具体经验获取阶段所上的课又进行了一次深入反思，在各位团队成员的帮助下，我的课后教学反思内容如表 4-5 所示。

表 4-5　贺老师的课后教学反思

分析主题	分析结果
本课中我最满意的教学部分是什么,为什么?	本节课最满意的部分是引入部分,原因有以下几点: 1. 引入从三个不同的角度展开,可以让学生深刻理解不等关系的存在。 2. 课堂引入后进行分组讨论,让学生很快进入到学习内容中。 3. 课程的引入为后面知识做好了第一层铺垫。
本课中我最不满意的教学部分是什么,为什么?	本节课最不满意的部分是:因为自己教高三,对不等式证明方法比较熟悉,所以在证明不等式成立时展开得多,而且是自己回忆了 $a^2+b^2 \geqslant 2ab$ 的各种证明方法,啰唆了好几分钟也没有起到什么作用,其实这个证明本身简单,可以不必浪费太多时间,看来我还需要处处体会以学生为中心的教学理念。
如果再让我重新上这节课,我要在哪些部分进行改进,为什么?	1. 有意识地设计更多的为何类问题、如何类问题和若何类问题,培养学生的高阶思维能力。 2. 对学生的正确回答,要给予更加真诚的肯定回应,不能为了赶进度,仅仅说一声"好"就结束评价与反馈。 3. 进一步加强对课堂语言的组织。 4. 课堂上学生能回答的问题一定要敢于让他们思考并回答,课前备学生时要更加充分。

　　作为研究者,我与 EMT 团队的成员们一起深入研究了我自己的课及史老师的课,我们通过使用维恩图对比了这两节课中解决重点、难点问题时的共同点以及各自的特点,如图 4-3 所示。

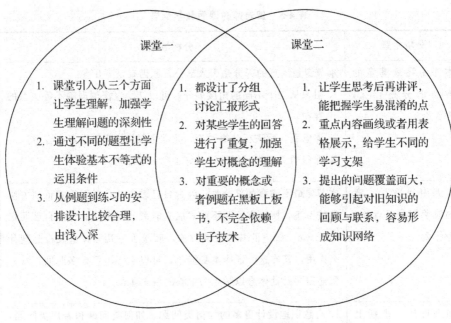

图 4-3　具体经验获取阶段与反思性观察阶段课例的维恩图

　　我们继而又使用分析表格对这两节课做了其他方面的分析，如表 4-6 所示。

表 4-6　具体经验获取阶段与反思性观察阶段授课分析表

分析主题	分析结果	
	贺老师	史老师
两位老师在教学中的成功之处有哪些，为什么？	1. 引入部分比较精彩，图片及问题的设计都能从不同角度让学生理解基本不等式的特征，很快将学生带入深入思考的状态。 2. 小组合作形式采用得比较好，对各个小组进行了分工，让小组采用不同的解决问题的	1. 教师在学生熟悉了四种命题之间的相互关系后说："我想找一位比我反应慢的同学来回答它们之间的关系。"此时没有学生举手，随后教师便点名了，被点名的学生站起来后全班学生会意地大笑。从中可以看出教师看似随意的提问，其实是做过精心的准备。教师还多次运用教学策略让学生

分析主题	分析结果	
	贺老师	史老师
两位老师在教学中的成功之处有哪些，为什么？	方式，既节约了课堂时间，又保证了课堂交流的必要性。 3. 当学生在黑板上板书不规范时，教师的教育机智发挥得比较好，不仅能及时肯定学生，同时还对学生的答案进行了必要的补充，显示出教师对学生的肯定以及对数学教学语言的理解与应用能力。	反过来提问她，既帮助学生复习巩固了知识，又活跃了课堂气氛，反映出师生之间良好的合作关系。 2. 分组讨论时，每个小组两个人，分工明确，学生活动任务布置清楚，教师及时巡视每个小组的进展，及时与学生沟通，在小组活动时及时发现问题，给予必要的教学干预和支持，及时解决问题。
两位老师在教学中处理不好的地方有哪些，为什么？	1. 从教师回应的方式看，肯定回应次数仅有 8 次，数量偏少；而重复学生的回答有 12 次。此观察的结果说明，教师在课堂对话中的回应方式及回应态度上还需要大幅度的改进。 2. 从教师选择学生回答的方式看，集体齐答的次数为 25 次，占 43.9%，几乎占了一半；其实，是何类问题难度小，可以选择一些学困生回答，而对若何类问题可以请学优生回答，以便使每个学生都有展示自己的机会，并从中获得成就感。	1. 教师提问后学生齐答占 56%，齐答次数偏多，虽然是概念课，我们认为占 40% 左右是比较恰当的。 2. 从对课堂的观察中可以看出，教师设计的是何类问题占 58%，为何类问题占 12%，如何类问题占 22%，若何类问题占 8%，其中如何类问题的比例还比较少，可以再多一些，以便鼓励学生深层思考，增强他们的创新能力。

我和 EMT 团队的成员们一起在反思性观察阶段再次进行了系统而深入的反思，这是一种为了获得新的理解与认识的反思，是一种针对具体经验的反思性专业学习活动，它更强调批判性反思，重在转变教师的观念，要求我们作为学习者，要具有批判精神和分析能力，探究过去和现在的教学经历与教学经验，判断原有的教学知识观点与新的教学知识观点之间的联系。

· 远程校本研修之抽象概括阶段 ·

抽象概括阶段是一个"爬坡"的关键阶段。校本研修平台上的助学者及专家告诉我们，在这一阶段中，将迎来新的挑战——我们需要根据反思性观察阶段所获取的丰富的数据信息，将其还原为具体的情境，从而发现情境中行为与结果的对应关系，并对蕴含在其中的具体经验进行归纳、整合、提炼与抽象，获得我们自己的关于如何教和如何支持学的理论框架。

面对新的挑战，我们既紧张又兴奋。首先，我们 EMT 团队经过讨论，一致认为应该选择活动课作为抽象概括的对象。因为在具体经验获取阶段，我们团队所观察的我的那节"基本不等式"是一节活动课，而在反思性观察阶段，又拿这节活动课与史老师的概念课做了较为深入细致的对比分析，此时，我们团队想通过对这门课的具体经验分析与反思性观察，再结合我们团队中每位成员的活动课的具体经验，在团队内部经过知识的充分分享与转化，建构出针对活动课的理性认识。

我们按照助学者和专家的引领，首先从我所掌握的、我思考过的和我所期望的三个维度归纳、整合、厘清了有关活动课的具体经验，详见表4-7。

表 4-7 EMT 团队对活动课的认识

第一维度	第二维度	第三维度
我所掌握的	对活动课的认识	创设情境的新颖性
		活动课的目的性
		活动课的组织性
		活动课的梯度性
		活动课的趣味性
		活动课的能力性
	活动课的教学设计	教学目标设计
		教学任务设计
		学习支架设计
		评价体系设计
		教学干预设计
	活动课的教学实践	关注每个小组的活动过程
		注重学生自我探究的学习过程
		恰到好处的评价
	对活动课的研究方法	课堂观察的方法与技术
		教学反思的方法与技术
我思考过的	对活动课的认识	活动内容与教学的相关性
		活动课内容的趣味性
		活动课内容的实用性
	活动课的教学实施	问题设计
		师生互动
		再生资源的生成与利用
	合作学习的教学实施	活动课的任务结构
		活动课的动力结构
		活动课的冲突管理

续表

第一维度	第二维度	第三维度
我所期望的	设计问题与课堂呈现的一致性	
	发挥信息技术在课堂中的辅助应用	
	学生活动时间与教师讲解时间的分配	

为了更好地描述有关活动课的知识经验，我们还在助学者的指导下，使用概念图绘制软件绘制了这部分知识的知识地图，如图4-4所示。

每一位教师关于活动课的具体教学经验都是极具个人色彩的，如果不被抽象概括为更高水平的认识，始终停留在一种感性的经验层面上，就不可能在一个校本研修团队中被很好地分享交流。由抽象概括的结果可以明显看出，经过抽象概括出的知识已经不再是某位教师的个人知识了，而是一个校本研修团队的公共知识。当然，如果一个校本研修团队经过理性分析所得出的具体经验不能回到真实的教学情境中，那么所有参加研修的教师也是不能真正理解其意义的。这就需要我们从抽象概括阶段迈向积极实践阶段。

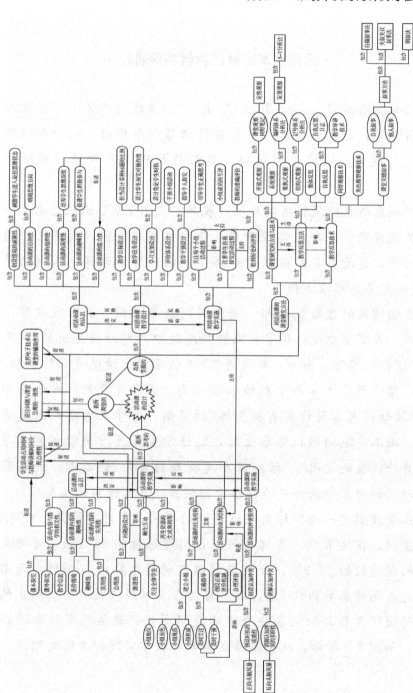

图 4-4　活动课设计的知识地图

·远程校本研修之积极实践阶段·

正如拉图尔（Latour，2005）所说，"如果我想成为一个探索客观性的科学家，我就必须从一个框架转向另一个框架，从一种视野转向另一种视野。没有这些转换，我就将局限在某种狭窄的眼界之内"。

在抽象概括阶段获得实质性进展后，我们 EMT 团队迎来了一个新的关键阶段——积极实践阶段。在积极实践阶段，我再次作为被观察对象，邀请全体团队成员观察了我的一节活动课，课题名称是"椭圆的定义与标准方程"。

我们团队的张哲、赵邦一老师针对这节课做了开放式观察。他们发现，我有意识地运用了抽象概括阶段中所总结提炼出的"我所掌握的"理论和经验。例如：我使用了"活动课创设情境设计的新颖性"原则，整节课学生参与活动的积极性高、课堂气氛好；我还使用了"数学活动课内容设计要有梯度性"的原则，使学生的思维深度逐渐增强，而不是把问题抛给学生后，就让学生开展所谓的自主学习活动；另外，我还运用了"活动课要有明确的目的"的原则，使这节数学活动课的内容与教科书的内容紧密联系，具有较高的相关性。

张哲及赵邦一老师还对我这节课的提问类型进行了聚焦式观察，他们发现，在这节中，是何类问题占问题总数的 34.1%，为何类问题占问题总数的 29.2%，如何类问题占问题总数的 26.8%，而若何类问题占问题总数的 9.7%。我将自己在具体经验获取阶段所上的活动课的提问类型与积极实践阶段的提问类型的聚焦观察结果进行了对比，如图 4-5 所示，从中不难发现我的教学实践行为的变化。

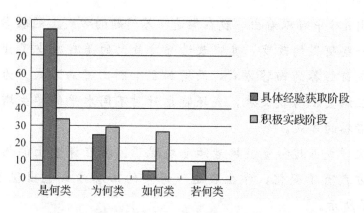

图 4-5 具体经验获取阶段与积极实践阶段提问类型的变化

从图 4-5 中可以看出，我在提问类型上的教学实践行为改进最大的是大幅度减少了是何类问题，大幅度增加了如何类问题。我的教学行为的改进也得到了校本研修助学者及专家们的表扬和称赞。

成占超和董焕焕老师对我这节课的课堂对话进行了聚焦观察。他们首先发现了我在挑选回答方式上的一些变化，如图 4-6 所示。

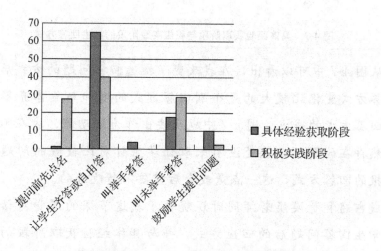

图 4-6 具体经验获取阶段与积极实践阶段的挑选回答方式

从图 4-6 中可以看出，我在挑选回答问题的方式上的教学实践行为也有一些明显的改变，其中改进幅度最大的是我减少了让学生集体齐答或自由答的回答方式，而增加了个别回答的方式。为了鼓励学困生在课堂上与我交流，我还特意针对不同水平的学生增加了叫未举手者答的方式。

其次，成占超和董焕焕老师也发现了因我在课堂上的挑选回答问题的方式有了变化，学生在这节课中的回答方式也出现了变化，如图 4-7 所示。

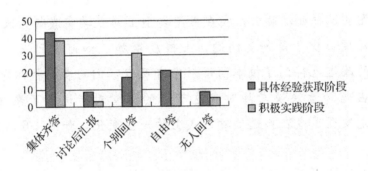

图 4-7　具体经验获取阶段与积极实践阶段的学生回答方式

从图 4-7 中可以看出，在我改变了挑选回答问题的方式后，学生的回答方式变化比较大的是个别回答方式的增加与集体齐答方式和无人回答方式的减少。图 4-7 中也反映出作为活动课，我在师生对话上依然存在的弱项，就是没有采取让学生针对比较难的问题先讨论再汇报的回答方式，这一点是我今后需要不断改进的。

成占超和董焕焕老师同时还观察了我这节课的课堂对话中的教师对学生回答问题后的回应方式，并与具体经验获取阶段的观察结果进行了对比分析，具体结果如图 4-8 所示。

从图 4-8 中可以看出，在教师回应的方式上，我给予学生的肯定回应有大幅度增长，重复学生回答并解释的比例有较为明显的下降，这说明我注意克服了具体经验获取阶段中在回应方式上存在的问题，发生了较为明显的教学实践行为改进。

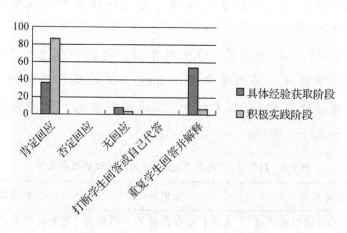

图 4-8 具体经验获取阶段与积极实践阶段的教师回应方式

史惠平和邵书静老师还对我的课堂做了结构式观察，他们帮助我对比分析了我的课堂结构在具体经验获取阶段和积极实践阶段的一些变化，如图 4-9 所示。

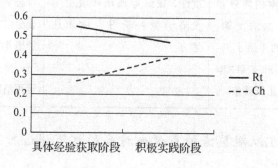

图 4-9 具体经验获取阶段与积极实践阶段的 S-T 分析结果

从图 4-9 中可以看出，我先后上的两节同类型的活动课，其教师行为占有率 Rt 值呈明显下降趋势，而师生行为转化率 Ch 值呈显著上升趋势。这一变化表明，我已经开始在教学中把课堂"还"给学生，更加重视以学生为主体的学习活动，也更加注重加强课堂中的师生对话等互动。

我们 EMT 团队的成员在课堂观察后，与我一起进行了深入的专业对话，帮助我对我的教学实践改进做了深入反思与分析。我自己也就抽象概括阶段中"我思考过的"理论与经验的运用效果进行了自我反思，如表 4-8 所示。

表 4-8　自我反思"我思考过的"理论与经验的运用效果

运用效果	原因分析	如何改进
本节课作为活动课目的明确，教师为每个学习环节设置了不同形式的问题，而且所提出的问题目的明确。	为每个环节设置了不同形式的问题，使学生明确数学活动课的内容与教科书的内容要紧密联系，学生对问题的解答具有较高的操作性。	要使问题设计的结构化和网络化程度更高，以增强学生的问题解决能力。
本节课设计了问题支架，并且考虑了从最基本的问题着手，搭建不同层次的支架，以适应不同学生的思维水平，做到了引领学生沿支架"攀升"，这一点让我比较满意。	数学活动课的内容设计有梯度性，较好地调动和吸引了全班学生的学习兴趣和注意力。	问题支架的设计关键要符合学生的认知，既要让学生学会思考，又要加强学生的思维深度。下一步要重点考虑如何运用消除支架的策略。

我的同事们从观察者的角度也对我的这节课进行了分析，其结果见表 4-9。

表 4-9　同伴观察"我思考过的"理论与经验的运用效果

运用效果	原因分析	如何改进
教师的任务设计有效,而且不同层次的学生都能参与到活动之中。	教师任务设计总体有梯度,并且采取了小组合作的学习方式,使学生能在小组中得到互助。	在学生个别进行学习活动时,希望教师在巡视课堂时能做到关注每个学生;观察练习时没有关注到的学生,可以通过课堂提问进行关注。
小组合作学习中采取了学生陈述小组研究结果的评价方式。	小组陈述可以更详细地展示不同小组对问题的不同角度的理解,可以使教师获得更多的评价信息和依据,并进行有针对性的辅导和教学干预。	对学生的评价还可以从多角度进行,例如可以开展组间评价,培养学生的评价能力。
创设的认知冲突和认知冲突的解决都比较恰当到位。	冲突消解既是有效合作学习与群体知识建构的保障,也是合作学习的特色之一。	可以尝试通过生生互动来消解冲突。

在积极实践阶段,我还对抽象概括阶段中"我思考过的"问题解决方法和策略进行了实践与探究。例如,在小组合作学习中,我特别注意运用合作学习中的任务结构与动力结构的设计进行小组分组,有效地组建了组内异质、组间同质的学习小组。

反思性实践不仅可以把我所学的理论运用于实践中,指导我改进教学行为,而且还可以使我在"学习—实践—反思"的循环中不断积累、丰富我的实践性知识,使我在迈向胜任型教师的道路上越走越好。

案例分析 --

反思性实践的特征

请在认真研读案例 4-1 后，对贺老师参加远程校本研修的过程，即一个较为完整的反思性实践的过程进行分析，分析从组成教师反思性实践的关键环节、教师的主要任务、教师扮演的角色等多个维度展开，并将结果填入表 4-10 中。

表 4-10　案例 4-1 的分析表

分析主题	分析结果
根据案例 4-1，分析组成教师反思性实践的几个关键环节。	
根据案例 4-1，总结、分析、提炼出教师在具体经验获取阶段的主要任务。	
根据案例 4-1，您认为在反思性观察阶段教师应该扮演哪几种不同的角色？	
根据案例 4-1，您认为好的抽象概括阶段的成果应该是什么？	
根据案例 4-1，阐述积极实践阶段的"积极"二字的意义。	

　　请根据案例 4-1 中贺老师所经历的反思性实践的路线，绘制出一幅反思性实践路线图。

图 4-10　贺老师的反思性实践路线图

◈▶ **专家讲座** --

反思性实践的路线图

·反思性实践的四个阶段·

　　反思性实践是教师主动将教育理论融入教育实践，并在教育实践中不断修正、改进教育教学行为的一种系统化探究过程。反思性实践也是一种教师凭借个人及群体的实践性知识，不断对自己的教学实践活动进行仔细推敲、做出判断的批判性分析过程。反思性实践还是一种面向教师实践性知识获取与教学实践行为改进的经验学习（experiential learning）的过程。

大卫·库伯（David Kolb，2008）将经验学习的模式描述为由具体经验（Concrete Experience，CE）、反思性观察（Reflective Observation，RO）、抽象概念化（Abstract Conceptualization，AC）和积极实践（Active Experimentation，AE）四个阶段所组成的经验学习圈，即反思性实践路线图，如图 4-11 所示。

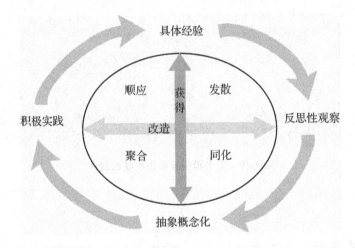

图 4-11　反思性实践的经验学习圈路线图

图 4-11 所示的经验学习圈所反映的四个阶段就是教师反思性实践过程的四个阶段，是教师反思性实践的一个路线图。图 4-11 所示的四个阶段会在教师的反思性实践中不断循环往复，从而促进教师经验的螺旋式上升。

第一阶段——具体经验获取阶段。

具体经验获取阶段具有典型的体验学习特征。在这一阶段中，教师要带着问题，以研究者的视角投入到经验情境中，在课堂教学实践中获得有关实际教学活动的真实的直接经验。

第二阶段——反思性观察阶段。

反思性观察阶段具有典型的内省学习特征。在这一阶段中，教师要依据以往的经验、知识和理念对第一阶段所获得的具体经验进行观察和思考，通过个体对课堂实践活动的观察与反思，探究具体经验间的相关性，认识实践活动与实践结果之间的关系。房慧博士（2010）指出，反思性实践的经验学习强调具体经验对学习的意义，但并不简单地主张教师在具体经验中获得新知识和新技能，而是更关注教师对具体经验的总结与反思，强调在掌握知识和技能的过程中，不仅能学会知识并进行一定的实践，而且还能从深刻的反思中获得经验的提升，使学习者通过体验与反思的过程来获得成长性的发展。在这一阶段中，教师要运用本套系列培训教材所介绍的课堂观察方法与技术对真实课堂或课堂录像进行全方位的观察，获得来自真实情境的多种教师行为数据，同时还要运用本书在模块二和模块三中介绍的反思方法与技术进行深入的教学反思。

第三阶段——抽象概念化阶段，也称为抽象概括阶段。

抽象概括阶段具有典型的归纳学习的特征。在这一阶段中，教师要对反思性观察阶段所获得的大量的课堂观察数据进行分析，将教师所掌握的与所思考的方法与经验进行归纳，在具体的情境中发现行为和结果之间的联系，并对教师课堂教学行为的方式与方法等进行抽象，上升为一种理性认识，得出较为合理的概念。

第四阶段——积极实践阶段。

积极实践阶段是一种典型的应用学习的阶段。在该阶段中，教师要把在抽象概括阶段上升成为理性理解的那些实践性知识与智慧主动应用于新的情境中，并对新情境中发生的实践过程进行主动干预，检验第三阶段所得出的结论是否正确，并通过实践活动内化新的经验，使其成为下一步反思的起点，从而获得有效的专业学习。

教师的反思性实践是一个有效的经验学习的过程，教师从具体经验开始，经过反思、理论总结，到有目的的实践活动，最后以新的经验结束，从而走过一个完整的经验学习圈，之后又开始新一轮的循环。教师的经验在反思性实践的经验学习圈中是一个连续体，每一轮的实践循环都促使教师的经验得到新的升华与提炼，教师的任何一个经验都会影响其未来的某一个经验。教师的专业发展就是在这样一种不断积累与不断实践的螺旋式过程中进行的。

· 反思性实践中教师经验的获取与改进 ·

在图 4-11 所示的反思性实践的经验学习圈中，包括获取与改进两个维度。从具体经验到抽象概括这条路径，是教师的实践性知识获取维度，表征了教师通过理解而获得经验的学习与发展过程；而从反思性观察到积极实践这条路径，是教师教学实践行为改进的维度，表征了教师通过转化而改造经验的学习与发展过程。由此，库伯（1984）指出，在经验学习圈中共有四种知识的生成方式：发散（divergence）、同化（assimilation）、聚合（convergence）和顺应（accommodation）。

发散　是指由教师具体经验经过感性认识、加工和意识的转变而生成知识的过程。在校本研修中，通过具体经验获取阶段的校本研修活动，教师蕴涵在教学实践中的各种隐性知识会通过同伴观察、研究分析等活动而被演绎、推理、归纳等感性认知方式外化为显性知识。

同化　是指教师的具体经验经过理性认识的加工与意识的转变而生成的过程。在校本研修中，通过反思性观察等系列研修活动，教师将已经外化的概念通过编码、排序、分类、组合等理性认知方式，将知识元整合成一个完整有序的知识系统，从而完成自身知识库的补充与更新，是一种显性知识整理、萃取、创生为新的显性知识的过程。

聚合 是指教师的经验经过理性认识的加工与外部行动而生成知识的过程。在校本研修中，教师通过做中学将外化与同化后的显性知识理性地转变为个人的隐性知识，从而使知识转变为可用的模式与技巧，最终成为有价值的"资本"，实现知识的"内部升华"。

顺应 是指教师的经验经过感性认识的加工和外部行动而生成知识的过程。在校本研修中，教师通过新的教育教学实践等社会化活动，将在具体经验获取阶段、反思性观察阶段和抽象概括阶段所获得的方法、技能、思维方式等隐性知识，通过新的实践转化为自己新的具体经验，并通过在共同体中的参与分享等活动对经验进行共享。

反思性实践中教师知识的获取过程是从感知具体经验到领悟实践性知识的专业发展过程。教师感知的具体经验是一种个人知识，而领悟的实践性知识则是一种社会化知识。教师获取经验的过程是一种从实践到反思的过程，是从直接经验到间接经验、从由内及外的个体经验到由外及内的关联性经验的获取过程。

反思性实践中教师的教学行为改进过程则是一种从反思到实践的过程，这一过程也是教师经验增长与经验重构的过程。反思性实践的核心观点是知识是在对经验的内部反思和在外部世界的积极实践中生成的（房慧，2010），教师从反思到实践的过程，是教师内化外部经验，并使内部经验在外部世界中得到检验的过程。同时，反思性实践的过程也是教师从个体反思与个体实践改进向集体反思与集体实践改进发展的过程。

教师的实践性知识是以实践智慧为内容的一种知识形式（魏景，2007）。反思性实践的关键在于反思，教师在此阶段必须要对具体经验进行反思、批判、提炼、升华与重构，才能使具体经验经过质的飞跃而发展成为教师的实践智慧，最终成为逐渐积累和发展起来的教师实践性知识。为此教师在开展校本研修的过程中，还需要处理好以下三对关系。

1. 教学活动与教学反思的关系

教学活动与教学反思是密不可分的，教师既不可能脱离教学活动去做所谓的教学反思，也不能仅仅去做教学反思而不关注教学活动。它们的相同点是两种活动都指向课堂教学和学生发展，两种活动可以同时发生，即"行动中反思"。但是，二者也有不同点：教学反思更多地发生在教学活动之后，"行动中反思"是建立在"行动后反思"的基础之上的；另外，教学反思还可以指向教育改革动态、教师自身发展等。

2. 教师自身的理论学习与教学反思的关系

教师的学习离不开反思，二者是不可分割的，也就是我们通常所说的在学习中反思，在反思中学习。教师的反思性实践过程实际上就是反思性学习的过程，最终需要把反思性学习再迁移到实践过程中，进行检验、提炼，发现新的理论框架和实践性知识。

3. 教师教育科学研究与教学反思的关系

教师的教育科学研究融合了教学活动、教师的学习和教师的教学反思，而教学反思则贯穿于教师的教学、学习、科研的全过程，二者是相辅相成的。

➡ **方法设计** --

反思性实践研修方案设计

请结合案例 4-1，并根据专家讲座的内容，为您所在学校的校本研修设计一份反思性实践的研修方案，要求考虑四个阶段的目标及主要的活动设计，填入表 4-11 中。

表 4-11　反思性实践的方案设计

阶段设计	目标设计	活动设计
具体经验获取		
反思性观察		
抽象概括		
积极实践		

参考文献

国内文献

[1]［美］阿尔温·托夫勒. 未来的冲击. 孟广均等译. 北京：新华出版社，1996.

[2] 白益民. 教师的自我更新背景、机制与建议. 华东师范大学学报（教育科学版），2002.

[3] 邓妍妍，程可拉. 阐析创造教学关键事件的五种分析途径. 上海教育科研，2009.

[4] 邓妍妍，程可拉. 改进教学方法：创造教学中的关键事件. 中国教育学刊，2008.

[5] 房慧. 经验学习的反思与建构. 西南大学博士学位论文，2010.

[6] 胡庆芳. 创造关键事件发展专业判断力. 民办教育，2007.

[7] 胡庆芳. 关键教育事件研究的国际背景与国内实践思考. 外国中小学教育，2010.

[8] 李平. 基于问题解决的教师教学反思路径研究. 西南大学硕士学位论文，2008.

[9] 林晓东，丹尼尔. 从跨文化的角度审视反思. 教育研究，2005.

[10] 刘加霞，申继亮. 国外教学反思内涵研究述评. 比较教育研究，2003.

[11] 邱微，张捷. 课堂教学师生言语行为的实证研究. 东北师范大学学报，2006.

［12］申继亮，张彩云．教师反思性对话的实践模式．教师教育研究，2006.

［13］沈民冈，汪泠淞．基于"关键教育事件"教师教育的行动研究综述．上海教育科研，2010.

［14］沈民冈．"重要教育片断"研究：富有生命力的教师．上海教育科研，2006.

［15］王陆．教师在线实践社区中不同教师群体的反思水平研究．电化教育研究，2012.

［16］王陆，刘菁．信息化教育科研方法．北京：教育科学出版社，2008.

［17］王天晓．教学改进：艾尔默对学校改进理论的深化．比较教育研究，2009.

［18］王文静．关键教学事件在教师培训中的应用．现代教育技术，2006.

［19］王映学，赵兴奎．教学反思：概念、意义及其途径．教育理论与实践，2006.

［20］魏景．教师教育中的反思性实践．首都师范大学学报（社会科学版），2007.

［21］翁秀平．对话：让教师走向"反思性实践家"．教育理论与实践，2007.

［22］熊川武．论反思性教学．教育研究，2002.

［23］张彩云，张志桢，申继亮．小学教师关于反思日记的认识．教育学报，2006.

［24］张学民，申继亮，林崇德．中小学教师教学反思对教学能力的促进．外国教育研究，2009.

［25］祝智庭．教育技术培训教程（教学人员版·初级）．北京：北京师范大学出版社，2005.

国外文献

［26］Bailey，K. M.，Curis，A. & Nunan，D.．*Pursuing professional development: the self as source.* Boston, Massachusetts: Heinle & Heinle, 2001.

[27] Breyfogle, M. L.. *Reflective states associated with creating inquiry-based mathematical discourse.* Teachers and Teaching: Theory and Practice, 2005.

[28] Cobb, P., Boufi, A., McClain, K. & Whitenack, J.. *Reflective discourse and collective reflection.* Journal for Research in Mathematics Education, 1997.

[29] Cochran-Smith, M. & Lytle, S. L. . *Relationship of knowledge and practice: teacher learning in communities.* A. Iran-Nejad & P. D. Pearson. *Review of research in education.* Washington, DC: American Educational Research Association, 1999.

[30] Connelly, F. M., Clandinin, D. J. & He, M. F. . *Teachers' personal practical knowledge on the professional landscape.* Teaching and Teacher Education, 1997.

[31] Day, C.. *Reflection: a necessary but not sufficient condition for professional development.* British Educational Research Journal, 1993.

[32] Dewey, J. . *My pedagogic creed.* The School Journal, 1897.

[33] Dewey, J. . *How we think.* Boston, D. C.: Heath &Co, 1939.

[34] Elmoer, R. F.. *Accountable leadership.* The Educational Forum, 2005.

[35] Flanders, N. A. . *Analyzing teaching behavior.* NJ: Addison-Wesley Educational Publishers Inc, 1970.

[36] Hart, L. C., Schultz, K., Najjee-ullah,D. & Nash, L.. *The role of reflection in teaching.* Arithmetic Teacher, 1992.

[37] Georgea M. Sparks-Langer et al. . *Reflective pedagogical thinking: how can we promote it and measure it?.* Journal of Teacher Education, 1989.

[38] Kolb Alice Y. & Kolb David A. . *Experiential learning theory: a*

dynamic, *holistic approach to management learning*, *education and development*. Armstrong, S. J. & Fukami, C. (Eds.). *Handbook of management learning*, *education and development*. London: Sage Publications, 2008.

[39] Kolb David A. . *Learning style inventory*. Boston: Mcber & Company, 1981.

[40] Kolb. D. A. . *Experiential learning*: *experience as the source of learning and development*. New Jersey: Prentiee-Hall, 1984.

[41] Korthagen, F. . *Teachers' professional learning*: *how does it work*?. F. Korthagen. *Practice and theory*: *the pedagogy of realistic teacher education*. Mahwah, NJ: Lawrence Erlbaum Associates, 1997.

[42] Latour B. . *An introduction to actor-network-theory*. Oxford: Oxford University Press, 2005.

[43] Loughran, J. J.. *Effective reflective practice*: *in search of meaning in learning about teaching*. Journal of Teacher Education, 2002.

[44] Mcentee, G. , Appleby, J. , Dowd, J. , Grant, Hole, S. & Silva, P. . *At the heart of teaching*: *a guide to reflective practice*. New York: Teachers College Press, 2003.

[45] Munby, H. , Russell, T. & Martin, A. K. . *Teachers' knowledge and how it develops*, in: V. Richardson (Ed.). *Handbook of research on teaching*. Washington, DC: American Educational Research Assoc, 2001.

[46] Schon, D. A. . *Educating the reflective practioner*: *toward a new design for teaching and learning in the professions*. San Francisco: Jossey-Bass, 1987.

[47] Schon, D. A. . *The reflective practitioner*: *how professionals think in action*. New York: Basic Books, 1983.

[48] Shaw, K. L. & Jakubowski, E. H.. *Teachers changing for changing times*. Focus on Learning Problems in Mathematics, 1991.

[49] Shulman, L. S. . *Knowledge and teaching*: *foundations of the new*

reform. Harvard Educational Review, 1987.

[50] Smith,D. & Hatton,N. . *Reflection in teacher education: a study in progress*. Education Research and Perspectives, 1993.

[51] Sparks-Langer, G. M. et al. . *Reflective pedagogical thinking: how can we promote it and measure it?*. Journal of Teacher Education, 1990.

[52] Tobin, K. & Jakubowski, E. . *The cognitive requisites for improving the performance of elementary mathematics and science teaching*. E. W. Ross, J. W. Cornett & G. McCutcheon. *Teacher personal theorizing: connecting curriculum practice, theory, and research*. Albany, NY: State University of New York Press, 1992.

[53]Tripp, D. . *Critical incidents in teaching: developing professional judgement*. New York: Routledge Falmer Press, 2001.

[54] Valli, L. . *Listening to other voices: a description of teacher reflection in the US*. Peabody Journal of Education, 1997.

[55] Walker, R. et al . . *Innovation, the school and teacher*. Open University Press, 1976.

[56] Xiaodong Lin, Daniel L. , Schwartz & Giyoo Hatano. *Towards teachers adoptive metacognition*. Educational Psychologist, 2005.